故事知道答案

王文华 — 著

天地出版社 | TIANDI PRESS

图书在版编目（CIP）数据

故事知道答案/王文华著；—成都：天地出版社，2018.6
ISBN 978-7-5455-3581-5

Ⅰ.①故… Ⅱ.①王 Ⅲ.①学校教育—案例 Ⅳ.①G4

中国版本图书馆CIP数据核字（2018）第030033号

本书由联合文学出版社股份有限公司正式授权，同意经北京华夏盛轩图书有限公司授予天地出版社出版中文简体字版本。非经书面同意，不得以任何形式任意重制、转载。

著作权登记号　图字：21-2017-412

故事知道答案
GUSHI ZHIDAO DAAN

出品人	杨　政
著　者	王文华
责任编辑	陈素然　欧阳秀娟
封面图片	视觉中国
封面设计	今亮后声 HOPESOUND pankouyugu@163.com ·胡振宇
电脑制作	今亮后声 HOPESOUND pankouyugu@163.com ·胡振宇
责任印制	葛红梅

出版发行	天地出版社 （成都市槐树街2号　邮政编码：610014）
网　址	http://www.tiandiph.com http://www.天地出版社.com
电子邮箱	tiandicbs@vip.163.com
经　销	新华文轩出版传媒股份有限公司

印　刷	天津文林印务有限公司
版　次	2018年6月第1版
印　次	2018年6月第1次印刷
成品尺寸	145mm×210mm　1/32
印　张	9.75
字　数	118千字
定　价	39.80元
书　号	ISBN 978-7-5455-3581-5

版权所有◆违者必究

咨询电话：（028）87734639（总编室）
购书热线：（010）67693207（市场部）

本版图书凡印刷、装订错误，可及时向我社发行部调换

前言

信任是送给孩子最好的礼物

我们把孩子带到这个世上来，从他呱呱落地，开始学走路、去上学，看着一个小生命日渐长大，那是为人父母最大的快乐。

因为快乐，所以我们与人分享。

迫不及待，日日在社群网站分享孩子的点点滴滴。

每次与其他父母见面，聊来聊去总不外乎孩子的生活与成长。

然后，我们看很多亲子教养书，当然，包括你手上拿的这一本。我们也会去参加各种读书会，听很多有名或有经验的人分享他们的育儿经。

我们盼望孩子越来越好，不希望他们受到一丁点儿伤害，所以会保护他们，给他们最理想的成长环境：用最好的无毒家具，四处查找哪里的保姆最细心，哪一家幼儿园最棒。

这样，就够了吗？

如果你细心回想自己的成长背景，在我们这一代的父母成长环境，你会有很多惊人的发现——在当年，父母并没有这样对待我们。

过去我们的父母都生养比我们现在多的孩子，他们也不怎么管我们，然而，我们也这么一路走了过来。该读书的读书，让工作的工作，结了婚，生了子，现在过得也都还不错。甚至在他们那个年代，也很少听闻什么宅男宅女的新闻，好像一切就是这么理所当然，人人都是这样的成长过程。

是的，我们的父母不懂太多教育理念，以我为例，父母甚至没有读到初中，更别提参加什么读书会，什么座谈听讲与分享，然而，我也长大了。

我并没有要你放弃做父母，享受为人父母的乐趣，而是在我们现代这个社会里，除了给孩子无穷的呵护与富裕的物质生活，能不能多给他们一点信任，信任他们很多事情都能自己来。

"孩子上大班了，还不会自己穿脱鞋子。在家有家长协助，到了幼儿园有老师帮忙。家长不放心，担心孩子穿不好、穿太慢，那以后还要上小学、上初中，到时孩子怎么办啊？"

担心孩子做不好自己的事，甚至怕他们制造更多麻烦，所以很多家长就把事情全打包自己来做，说穿了，这不就是根本不相信孩子有处理自己问题的能力吗？

所以，我在学校常看到很多孩子，即使上了小学一二年级，他们连系鞋带这种事情还要依赖大人。

每个孩子都是独特的个体，即使是双胞胎，住在同一个家庭，他们长大后依然会发展出自己的个性、特长与人际关系。因此，在教养孩子时，最重要的是充分了解和信任自己的孩子，找到最适合自己孩子的方式和方法。

但现在孩子少，个个都是宝，所以大家把孩子捧在手心，走在路上怕碰着，出去外头怕撞着。食衣住行，教育娱乐，玩什么、怎么学，处处可见家长呵护备至的痕迹。

一旦孩子习惯这样被人保护,你怎么怪他长大变成温室里的花朵呢?即使生理上长大了,心理上却永远是个长不大的孩子,莫怪长大后去读书去工作,每逢周末还是把大包小包的脏衣服寄回家。

　　造成这种结果的原因并不在于孩子,恰好相反是父母过度不信任孩子,因为我们吝于给他们成长学习的机会,不把孩子当成独立的个体看待。

　　想让孩子独立,我们应该要让孩子能独立思考。多给孩子一些表达自己想法的机会,蹲下来平等地跟孩子对话,那么,孩子自己的想法就会越来越多,独立思维自然而然就会逐渐形成。

　　还有,让孩子学会对自己负责。父母当然要爱孩子,但爱孩子的目的不是帮他做出每一个决定,替他决定交朋友,替他决定读书的顺序……孩子的人生要能自己做主,那是大人无法代替的。

　　最后,家长要能鼓励孩子的独立行为。很多家长因为不相信孩子能够自己做好,往往承担了孩子的一切,顺带也剥夺掉孩子成长的机会。这种做法，让孩子误以为自己可以永远依赖家长，又怎么学会自立，成为独立的个体？

美国心理学博士约翰·格雷认为，孩子需要经历三个九年期才能成为健康、独立的成年人：第一个九年，孩子对于父母是完全的信任和依赖，父母要对孩子完全承担起责任；第二个九年，孩子学会信任自己并且渐渐学会独立，父母的责任是能适当控制，但也要给孩子更多的自由空间；最后的第三个九年，孩子独立自主了，父母退到幕后，只需适时提供支持即可。

父母送给孩子最好的礼物，是信任。

信任是一种相互尊重、彼此了解的关系，它是比终日溺爱更紧密的。

溺爱孩子的家长，打心里是不相信孩子有能力自理的。

而信任孩子的父母，他们相信孩子有能力解决问题，孩子会因此更有自信、更爱父母，因为父母相信他们。

小时候牵着孩子的手，长大了则要学着放手。只有信任孩子能成长、能学习，才是给他最好的礼物。

目录

第一章 欣赏孩子，他会更有自信

珍惜每一次 ········· 003
全乡跑得最快的男孩 ········· 007
踮脚尖的女孩 ········· 011
割成两截的生字簿 ········· 015
孩子好懒这样办 ········· 019
给校长爸爸一个赞 ········· 024
不务正业 ········· 028

第二章　让孩子学会打理生活

点瓦斯炉补习班 ················· 035
榜首上山 ······················· 039
小乔的炒蛋 ····················· 042
小心雷公劈 ····················· 045
妈咪，你要放手啦 ··············· 049
咖啡厅里的才艺班 ··············· 053

第三章　孩子有解决问题的能力

出去玩，让孩子自己来 ··········· 061
用钓竿搭帐篷 ··················· 065
十盒布丁，该分给谁 ············· 069
菜鸟训导被学生笑 ··············· 073
泡面打翻怎么办 ················· 077
有学问的香蕉 ··················· 081
十一的梦想 ····················· 085

第四章　打不倒的自信来自同理心

低人一等的自卑感 …………………………… 091
你还在说谎 …………………………………… 095
我爸爸没工作了 ……………………………… 099
永远忘不了的两巴掌 ………………………… 103
天底下哪有三眼猫 …………………………… 107
没有犯过错的人举手 ………………………… 111
孩子的好，为什么看不到 …………………… 115

第五章　善用电子产品增进孩子的能力

去便所乔代志 ………………………………… 121
"老苏"拜托一下啦 …………………………… 125
你有没有这样的朋友 ………………………… 129
三魂七魄被游戏拖了去 ……………………… 134
开除电子产品保姆吧 ………………………… 138
一直赖一直赖 ………………………………… 141
在网络上种咖啡 ……………………………… 145

第六章　陪伴是最好的教养

爱他现在的样子 ················· 153
天哪！我们家有Ａ片 ············· 157
你不能帮忙带小孩吗 ············· 161
这口气我咽不下 ················· 168
楼上的小强样样比你强 ··········· 172
教养就是不要怕麻烦 ············· 176
球，不是他丢的 ················· 180

第七章　孩子有从书上学习的能力

不想上课的去后面睡 ············· 187
布查的课外书 ··················· 194
白鹅教养学 ····················· 198
别让他累死在终点 ··············· 202
破书也有好句子 ················· 208

第八章　身教是培养孩子好品格的不二法门

不轻诺 ·········· 215
那晚我们坚持当阿呆 ·········· 219
大义灭亲 ·········· 222
如果一开始 ·········· 226
笑话，我懂营销耶 ·········· 230
软柿子金牌 ·········· 234
讲不听，就要讲到听 ·········· 238
认输不认命 ·········· 241

第九章　信任孩子有为自己负责的能力

单字女王的户外教学 ·········· 247
不是女王的女王 ·········· 251
他们怎么不出来玩 ·········· 255
掉进长江的手机 ·········· 259
跟着华盛顿爸爸学诚实 ·········· 262

第十章　好态度是成功的快捷方式

阿弟仔好样的 ················· 269

两百分的准备 ················· 273

难得好师傅 ··················· 276

不怕烦才有好成就 ············· 280

我们一定再来 ················· 283

态度才是最好的名片 ··········· 288

水电憨师教我的事 ············· 292

第一章

欣赏孩子，他会更有自信

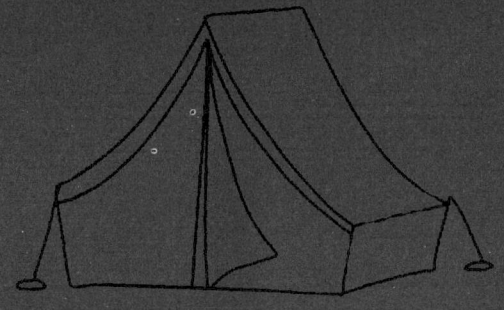

珍惜每一次

　　户外教学参观完印刷厂，班上的孩子都在志工的引导下做了一张版画。版画刚印好，油墨仍未干，如果沾上衣服就洗不掉了。我们班大部分的孩子嫌麻烦，作品一扔，不要了。

　　祥祥和别人不一样，他从头到尾都小心拎着画，上车看着，下车顾着，他说："我要带回去给妈妈看。"

　　瞧祥祥那认真的模样，你会以为那幅作品是世界第一。

　　其实也没什么啊，就只是一张很简单的纸版画，他在上头画了几棵树，一个看起来像小孩又像青蛙的东西，画面上还有太阳和月亮。如果他没解说，我实在看不出来这张图讲的是小红帽遇见大野狼。

　　几天后，去祥祥家做家访，我又见到那张版画了。在他们家的客厅，最显眼的墙上挂了一块三尺见方的

软木塞板,上面分隔成两部分,一半展示祥祥的作品,一半是妹妹的成果栏。

祥妈说,孩子带回来的作品,她都会定期地帮孩子们更换,妈妈介绍妹妹的作品时,口气好骄傲:"我最喜欢妹妹画树了,她画的树有一种生命力,老师你看出来了吗?"她说话的样子,仿佛在介绍毕加索的大作,她的介绍词热情洋溢,我可以感受到她有多么认真看待孩子的作品。

祥妈手机里,还录了不少孩子们吹直笛、陶笛的音乐,我和妈妈聊天,祥祥和妹妹播放自己的音乐给我们评鉴。我想起来,学校每回的才艺表演,祥妈都是最早到场的家长,她总是抢着坐在第一排,认真帮孩子记录。从孩子读一年级,到现在祥祥五年级,她都没变过。

祥妈来自东南亚岛国,自谦不会教小孩,可是她珍视孩子作品的程度,我相信其实比很多人强。我们班的孩子每次上完美劳课，作品不是放在抽屉就是丢进垃圾桶，勉强要他们带回家，他们也是胡乱塞在书包里，最后变成一坨一坨皱巴巴像抹布又像垃圾的东西。

我想，很久以前，班上的孩子应该也常带作品回家去，或许家里长期以来，都没人重视他们那种"看起来像乱画"的作品。既然爸妈都不怎么在乎，久而久之，他们对每一次的作业，也就越来越像"乱画"。因为父母的漠视，等于在告诉孩子你不必认真做作业，不管做得好或不好，都没人在意呀！

因为没人在意，他们又怎么会去要求自己呢？

可见，肯定孩子的第一步，就是认真看待他们的作品——是作品，而不是作业哦。

教养也能这样做

在家里帮小朋友布置一个作品区吧！地方不用太大，冰箱外头就很适合，把孩子的作品贴上去，帮他们不定期更换。只有家长重视孩子的表现，他们才会为每一次的作业全力以赴。父母慎重地看待孩子的作品，他们就会把作业当成挑战，愿意把作业变成作品，那是最棒的学习动机。

当然，孩子的运动比赛、小朋友的活动晚会，记得带上照相机去抢第一排，别忘了，孩子童年稍纵即逝呀。

全乡跑得最快的男孩

阿志对自己信心不足,他上台会畏缩,与人交谈会胆怯,遇到没见过的事物就会说:"哦,看起来好可怕哦,我一定不会。"

这样的孩子需要舞台,幸好,机会很快就来了。

那次,他参加乡里的田径赛,连夺三面跑步的金牌,这下子,我有机会夸他了:"你是全乡跑得最快的男人,你太强了!"

他不好意思地说:"老师,我才读小学,还不算是男人啦。"

我又找到一个夸他的点了:"你真是个谦虚的孩子,那你是全乡小学五年级跑得最快的男孩,没错吧?"

阿志笑了,好像终于把一件事给厘清般地笑了,他笑得好灿烂,好有自信。

自此后,阿志学什么做什么,只要有一点点犹豫,

我就会跟他提一提:"你是全乡跑得最快的男孩,你一定可以的。"

事后证明,他真的可以,例如算数学、上台唱歌、背唐诗。

后来,我发现他另一项长才了。

我们在做偶戏的道具,需要把钓鱼线穿过道具天灯,然后连接成长长的一串,绳子一拉,天灯就会冉冉上升。

只是,钓鱼线很软,天灯上的洞很小,两边距离至少五厘米。我有老花眼,班上的小光头手会抖,布查有严重的近视眼,请其他小女生来接手,她们嘴里说很简单呀,可是十分钟后,却只穿了一个天灯。

阿志在一旁,他把线和天灯拿过去,一下子就穿好一个——大家都说,太幸运了。

他不慌不忙,轻松写意地又把第二个天灯搞定,不必我喊,礼堂自动响起一阵欢呼。奇迹还没完,当他穿好第三个天灯鱼线时，已经为自己赢得一个新外号：全校最会穿线的男孩。

阿志笑得很开心，他偷偷告诉我：在家里，奶奶有老花眼，缝衣服的针线都是他穿的。我可以想象那个画面，一个平时对自己没什么信心的孩子，依偎在奶奶身旁，帮着奶奶把针呀线呀一一弄妥搞定。奶奶接过孩子穿的针线，揉揉他的头，一针一线缝着孩子的衣服、帽子。孩子虽然还没有要远行，但温暖的相处时光，将会根植在阿志心里，信心满满地直到永久。

"难怪你这么厉害。"我说，他笑得好开心。我想，现在有两个外号撑场，该开始盯阿志的英文了。

因为我深信："全乡跑得最快外加最会穿线的男孩——绝不会败给英文的。"

教养也能这样做

　　让孩子有自信的妙招,就是找到一个亮点当突破点。

　　没什么自信的孩子,只要聊到他擅长的事都会呼吸急促,找到他厉害的事情就能建立自信心,然后由此一项一项地突破。

　　功课不好的孩子也是如此。学校里的科目虽然很多,学习总会遇到很多很多困难,但怕什么呢?总会有一科比较好,那就是突破点哦。

踮脚尖的女孩

曾经遇过一个女孩,她叫作蓉蓉,她家就在我们小区的巷子口。

少子化的年代,小区每个孩子诞生都是大事,她一出生,大家都去看过她。她长得很可爱,两个小酒窝,让人不由自主想要抱一抱,她是小区年纪最小的女孩,大家对她的未来充满了期待。

后来,她开始学走路了,这一走,她的奶奶就摇头,蓉蓉走路是踮起脚尖来走的,奶奶说:"这团仔有问题,哪有人走路走这款的呢,这样不行啦!"

奶奶的话是圣旨,蓉蓉的妈妈听了也只能拼命点头,回头劝女儿:"蓉蓉,把脚放下,像这样子走!"

为了让女儿符合奶奶口中的正常人,妈妈带着她躲在房间里练走路。妈妈在前头走,蓉蓉在后头跟,但是妈妈一不注意,蓉蓉就会踮起脚尖走,看她走得

那么快乐,连妈妈都忍不住揉揉她的头,替她拍拍手。

奶奶生气呀,认为妈妈没把孩子教好:"你这款媳妇,是要把我气死呀?"

从此之后,奶奶对妈妈总是疾言厉色;从此之后,无数个夜晚,奶奶的话,让蓉妈抱着女儿痛哭:"蓉蓉,把脚放下嘛,为什么你不把脚放下?"

蓉蓉摇摇头,她也不知道呀。不过,她很快就学会一个本事:奶奶在的场合,她得提醒自己不要踮脚尖,不能害妈妈被奶奶唠叨。奶奶不在家时,她才能踮着脚尖走,踮着脚尖跑。

我们曾在小区看过她踮脚尖走路的样子(当然,奶奶不在身旁),那时的她好快活,好开心,仿佛,这么踮一下,离天更近了,离自由更近了。

时间飞逝,一晃数年,后来蓉蓉开始学长笛了。吹长笛要有肺活量,蓉蓉的肺活量不够大,一首曲子总是吹得"零零落落",明显中气不足。老师鼓励她长跑，可是蓉蓉跑不动；要她学游泳，蓉蓉怕下水。

"那就先踮着脚尖吹吹看。"长笛老师说。别人练长笛，最怕踮脚尖，踮一下就受不了；蓉蓉一踮半小时，吹出来的音色好极了，声音高亢嘹亮，别人吹不上的音，她吹得轻轻松松。

长笛老师拍拍她的肩："好了，好了，累了吧，赶快把脚放下。"

蓉蓉摇摇头："我不累。"

一旁的妈妈跟着点点头："老师，没错，要她踮多久都可以。"

"太奇怪了，太奇怪了。"长笛老师不可置信地说。

更想不到的是，蓉蓉后来在学校学芭蕾。芭蕾老师忍不住打电话给蓉妈，说她旋转时，那姿态之优美，舞动时的平衡感，没有一个同学比得上，好像练了好久好久，"尤其是踮起脚跳舞的时候，踮再久她都不怕似的"。

蓉妈轻轻挂上电话,忍不住拭了拭眼角。她知道,这些她都知道,蓉蓉从学走路那天开始就在不断地练习,仿佛就在等着这一天。

教养也能这样做

天生我才必有用,只是我们太平庸,猜不透天机。最好的方法,就是持续鼓励孩子,然后耐心等待。

因为,不到机缘来的那天,谁也不知道上帝在孩子们身上,藏了一颗什么样的种子。

割成两截的生字簿

上书法课的时候，三年级的妹妹来找姊姊安妮借书法用具。

妹妹是学校风云人物，朗读、演讲和画画常常得奖，安妈妈只要提起妹妹就是一脸得意，如果是安妮呢？安妈妈摇摇头："她要是能有妹妹一半好，我就阿弥陀佛了，唉，一样都是我生的，怎么会差这么多？"

这会儿，妹妹来借书法用具，这原本是件小事，但是，安妮不肯借给她。

说不借就不借，任凭妹妹说了又说，求了又求，姊姊就是摇头不答应。

姊妹俩吵吵闹闹是常有的事，我先请另一位同学把书法用具借给妹妹，再找安妮来问问。安妮看看我，说妹妹常常这样子，自己东西老是忘了带，"所以，

我今天要'大义灭亲',我不借给她,希望以后她会细心一点。"

我夸她懂得利用机会教育妹妹,但是仅此一次,下不为例。

奇怪的是,过了几天改作业时,咦,我怎么改到了妹妹的联络簿?

妹妹那本联络簿,封面残破,里头还沾了不少墨汁,看起来是个粗心的孩子,和她平常的表现有落差。

我把安妮找过来,请她把联络簿送去给妹妹。

安妮说是前一天晚上妈妈签了名,结果放错书包了。

我笑说:"那赶快送去,顺便把你的联络簿……"

我话还没有说完,妹妹已经趴在窗口喊:"姊姊,你把我的簿子藏到哪里了?"

"在这里,是你自己乱放的。"安妮把联络簿拿给她。

妹妹不走:"我的生字簿呢?"

"我不知道。"安妮想走。

妹妹拉着她："你把生字簿还给我啦。"

"我说没有就没有啊！"安妮很坚持，我在旁边看不过去了，要她找找书包，说不定不小心放错了。

众目睽睽之下，安妮只好打开书包，随便找了两下："没有，没有，没有你的簿子。"

妹妹眼尖："你还说没有，那明明就是人家的簿子……"

然后，她只看了簿子一眼，立刻发出一声尖叫，抓着簿子拿出来时，我们都看到了，她的簿子，被人用美工刀狠狠划过，整本簿子几乎快断成两截……

看了那簿子，我倒吸一口冷气，那绝对是安妮做的事，只是两姊妹能有什么深仇大恨，让一个五年级小女生，瞒着大人做出这么可怕的事。

安妈妈被我请了来，她看看那簿子，听我说了情形，又气又心疼："还是我们家的小妹妹乖，不管是功课

还是比赛,从来不让我操心;老师呀,只有这个老大,整天说我偏心,我哪有偏心呀!唉,只要一想起她,我就烦死了!"

教养也能这样做

虽然手心手背都是肉,然而,总是有些孩子的表现比较好,有的孩子表现比较差,怎么办?

父母有没有偏心,孩子最清楚。我们最好的方法是,找到每个孩子的长处,学习如何去欣赏孩子。

越被欣赏的孩子越有自信,越有自信的孩子,就越勇敢逐梦,而不是终日把眼光放在与人计较上。

第一章 欣赏孩子，他会更有自信

孩子好懒这样办

我们学校的大雄就像"熊"，走路懒洋洋，拉不动，推不动，对什么都没有兴趣：回家作业随便写，上课总爱趴在桌子上。一般孩子喜欢体育课，大雄却连这个也不爱。要他跑步，他能用走的绝不跑，你没看住他时，他连走都嫌累。等到开始上课了，不管是躲避球、跳绳或是飞盘，他能躲就躲，你拿他没辙。

有一天，我们校长也看不下去了，他说天下没有扶不起的阿斗，也没有不点头的石头，他决定亲自教大雄。

校长真该去拿师铎奖的。

那几天，校长喜滋滋跟我们说：

"大雄看书了，这么厚一本哦。"

"大雄写功课了，我只盯他半天，他就写完了。"

偶尔，我们还看到校长陪他打篮球，一老一少在

球场"钉孤枝",那场景让人感动。

只是,校长很忙,这边要开会,那边要找家长,这种紧迫盯人的方式只维持了一周;隔周,校长绝口不提大雄,仿佛他从没遇过大雄,大雄也没跟他说过话。

小四升上小五,大雄换了新老师。老师讲话轻轻柔柔,还怀了五个月的身孕。大家都替她担心,她怎么可能镇得住大雄呢?

这轻轻柔柔的老师,对大雄却很有一套,从没听她骂大雄。大雄不想去上体育课,老师说:"没问题,那下一节来行吗?"

直笛吹不好,老师耳朵灵,听出他吹的 Re 很有音乐家的味道,这个鼓励下得好,大雄下课口不离笛了;数学考了"满江红",新老师陪他在办公室里算:"这一题对了三行,还剩一行,你要不要试试看?"

我心想,没用的啦,"雄"带到办公室还是"雄"。

没想到,我才刚落座,就听到老师在笑:"对对对,那这一题呢？你也是对了三行，要不要试试看？"大雄没说好也没说不好，笔在纸上沙沙作响，全办公室的老师都听到他呼吸里的转变。

最近，大雄作业都有交了，数学成绩进步了，体育课虽然偶尔上、偶尔不上，但是上的时间变多了。

老师下个月要去生产，我们都在办公室里，听到她用那轻轻柔柔的声音在说："大雄这孩子欠的就是肯定，你只要告诉他哪里做对了，他就会一直做下去。"

另外一个著名的例子就是关于大仲马的。

《基督山伯爵》家喻户晓，作者大仲马在成名前，一度穷困潦倒。

有一次，他跑到巴黎拜访他父亲的一位朋友，请他帮忙找个工作。

"你有什么本事呢？"这个长辈问。

大仲马不好意思地说："没有什么了不起的本事

呢，伯父。"

"数学精通吗？"

"不行。"

"你懂得物理吗？或者历史？"

"什么都不知道，伯父。"

"会计或是法律……"

大仲马越听越尴尬，他觉得自己实在太无能了："伯父，我真惭愧，现在起我一定要努力补救我的缺点。相信不久之后，我一定会变得完全不一样。"

这长辈听了后说："可是你要生活啊，把你的地址留在这张纸上吧。"

大仲马无可奈何地写下了他的住址，这长辈见了他写的字后，高兴地叫道："哎呀，瞧瞧你这字写得多好啊，这就是你的长处呀。"

大仲马备受鼓舞，后来他坚定地踏上文学之旅，最终成为一代文豪，轰动法国，震动世界。

教养也能这样做

别吝于夸奖孩子,不管是自己的孩子还是别人的孩子。

具体指出孩子做得好的地方,他就会记住那种感觉,然后一再地表现,进而成为专长。夸自己的孩子,孩子有了亮点,有了自信;夸别人的孩子,他们会变成你孩子的好朋友,相互影响,那是善的循环,正向的加持。

给校长爸爸一个赞

有一次到北横一间小学参访。那真是一间迷你小校,学校建在高坡上,没有宏伟校门,外观老旧凌乱,感觉校舍规划全无章法,第一印象就先打了个叉。

没想到进了校园,校长桌上满布孩子们的作品,全校五十个孩子,全是泰雅的孩子,竟然拿到全县演讲第一名(是全县哦,打败多少平地大校),马拉松、舞蹈、语文,成绩斐然,让人惊艳。

走出校长室,小女孩穿着泰雅的传统服饰带我们参观,校地狭窄,但在孩子们的嘴里,却处处藏着故事。原来校园以植物分出区块,有孩子宿舍(五十个人,四十一个人住宿),所以全校都像一家人;校舍墙面彩绘自己家乡的故事,看得出来是不同年代装饰改建(由此可知经费之拮据与规划杂乱之由来)。

让人感动的是感谢桃。孩子们二十四小时在校,一天三餐，得要多少经费，得向社会募来多少资源？校长有远见，规划桃园，六月采收，每颗桃子代表孩子一份心意，寄送到岛上每一双关爱的手。

学校也养猪，名叫王小美。那是校长的干女儿，他希望孩子能在大自然里学会与万物和平相处，所以王小美在校园任意穿梭；王小美也养一条小白狗，一猪一狗，狗不近人只近猪，孩子们还替白狗黑猪画了绘本，这又是另一个故事了。

来到凉亭，小女孩解说完毕，和小男生合唱三首歌，蓝天青山，清风白云，嘹亮歌声，我竟然有幸坐在亭里，难忘。

走笔至此，初来乍到的印象完全打破，这学校，哪需要大校门来烘托自己呢？那些树是山樱，山樱已结果，三个小男生教我们自制山樱桃汁；午餐有鳟鱼，和鸿禧山庄同级的鱼；一个教育役男天平，是杨懿如教授的高才生，开车听鸟语，能瞬间判断什么鸟什么事。

　　校长是高雄人,在复兴服务三十年,其中十三年在这里,把这儿建成世外桃源般,爱说笑话,很照顾孩子,听他说话,令人重燃教学热忱。他推销自己学校的孩子,不断给他们提供舞台,鼓励他们勇敢挑战自己,带他们扩大视野,厦门、韩国都有孩子们的足迹。一个年资比老师们久的校长,一个热情跟初任教时同样强大的校长,难怪小朋友们都喊他校长爸爸。

　　不相信?请到桃园高义小学走一遭。

第一章 欣赏孩子,他会更有自信

教养也能这样做

高义的孩子很有自信,原因就出在有一位懂得欣赏他们的校长爸爸。

会唱歌的,他替孩子找老师加强指导;会演戏的,他鼓励老师带孩子组团去参赛。如果遇到孩子什么都不会呢?去高义那天,校长爸爸请他们打山上野果的果汁请我喝。

"这是我们学校果汁王子打的果汁,特别好喝。"校长爸爸这么介绍,那个小男生笑得好开心,果然很有果汁王子的气势哦。

家长们都能学习校长爸爸的方法,因为不管你有多少个理由说做不到,人家可有五十个孩子作证明。既然他带五十个孩子都做得到,我们一般家长当然也行。

不务正业

在我们住的小城里有家园艺店,老板有个非常特别的名字——别业,很有诗意。

我以为他这个名字来自王维的《终南别业》,别业的太太说不是,是她老公不务正业,想当年一定是名字取坏了。

别业先生的园艺店,外观杂草丛生,一走进去,里头却别有洞天。别人弃之如敝屣的野花杂草,他都能种成一园灿烂,更重要的是讲出一番道理。

"溪边就有的野姜花,治头痛最好了,煮吴郭鱼的话……"

"这种百合食补药用都行,拿它煮粥,要记得先熬……"

每一种花草在别业先生的眼里都有故事，从前庭讲到后院，我手里的花花草草就从一袋变成十几袋。还好，他看我都快提不动了，好心地说："明天我用小货车帮你载去学校，顺便帮你规划一下植物园。"

"我没有植物园，我是小学老师。"其实我只是来买几株教学用的植物。

"老师更要懂呀，你们校园的水生池水路如果装得好，不但省功省时还能分出沼泽、平地与沙漠区。"

别业的太太告诉我一则传奇：别业先生的家原是小城有名的餐厅，只是他不想拿锅铲。高工读水电，又不想一辈子帮人配电线，读两年就休业，去中药行当学徒。学了三年六个月，到大陆读中医，回来

考了执照。

"哎呀,我本来以为要做先生娘了。"别业太太不无怀念地说,"这几年,他又移情别恋,爱上这些杂草,帮人看完病就去种草,种着种着,从一盆拓展到一整片田。"

"就是不务正业,好好中医师不做……"她的口气其实很骄傲,以前是先生娘,现在搬花草,却颇有一种深以为傲的快乐。

其实想想,所有的不务正业都已交融成了一种正业。听别业先生讲花草,能谈养生,那是中医素养;谈到食材应用,那是餐厅背景;而水路、管线安排,和高工时的养成更脱不了关系。因缘际会,最后成了这样一位出凡入圣的植物达人。

历史上，班超也算是不务正业的代表性人物，家学渊源，父兄都是写史的专家，想靠文学出头容易，他却毅然从军。从军是一条路，他竟又跳脱跑道去当西域大使，还是常派无邦交国的使官。以一身文胆，在漫漫历史里，留下自己辉煌的一页。

学以致用很好，如若孩子学非所用，要走一条"用所非学"的路，那其实是要很大热情与决心的。

欣赏孩子有七个小绝招

① 自信的父母知道生命是不一样的,因为他们懂得欣赏孩子。

② 欣赏孩子的玩耍,鼓励他们发明新奇玩法。

③ 父母如果能发现孩子的长处,孩子就懂得学习别人的优点。

④ 带孩子参观展览时,和他讨论,鼓励孩子往更深刻的地方去想。

⑤ 学习各种才艺时,鼓励孩子持之以恒地练习。

⑥ 孩子的成长需要等待,只要父母有好心态,孩子就会笑到最后。

⑦ 谢谢孩子陪我们在这世界走一遭,只要他健康、快乐成长,你会更欣赏他。

· 第二章 ·

让孩子学会打理生活

点瓦斯炉补习班

那一年,我在山上服务,来了一位纪老师。

学校在深山,交通不便,纪老师由父母陪同,一部小巴士,载满她大大小小的行李。因为行李特别多,有空的老师、到校园闲晃的小朋友全被请来帮忙。

印象最深的是床,没错,真的是床,纪老师的爸爸解释:"她认床,没这张床睡不着觉;睡不好觉,整天情绪都不好。"

那张床不好组,不用钉子,接合全靠榫孔,我们谁也没那功夫,最后是拜托工友先生来协助。装好床,搬进一尺厚的床垫,还有纪老师的棉被和枕头……这才大功告成。

不过,事情还没完,父母领着纪老师参观校园,检查宿舍,然后开始一连串的疑问:热水供应到几点?山上的超商有多远?女孩子家去时若不方便,哪位男

老师会帮忙？如果生病了要去哪家医院？山上的气温这么低，她的暖炉够不够……

因为问题实在太多，热心服务的老师们被问到答不出来了，渐渐退回房间，最后只剩下避无可避的工友先生随侍在侧，回答那一堆连山上小朋友都能做到的"担心"。

开学了，当时还没有手机，纪老师班上的孩子常接到师公打来的电话，提醒老师要吃药，交代老师晚上出门要拿手电筒，还寄了一包什么来……

当时，我们老师晚上要轮流煮菜，两人一组，和纪老师同组的伙伴出差，她得独立作业，大家去帮忙时才发现，她会洗菜，但不太会使用菜刀；会煮开水，但瓦斯炉火点不着，问了她，说是在家都由妈妈包办。

就那么有幸，吃过一次纪老师煮的饭菜后，再轮到她煮饭，她离职了。

还是校工帮忙拆的床，还是白发父母来帮忙，来时一巴士，去时一巴士，她的小巴士倒成了我们学校的传奇。

　　山上的孩子，三四年级就懂生火做饭，用的还不是瓦斯炉，是货真价实的柴火，还要帮父母照顾弟弟妹妹，有的孩子还会开怪手（挖土机）、种水蜜桃，相较之下，我们老师反而要向他们学习。只是有的人能学到，有的人就待不了。

教养也能这样做

　　数学、英文补习班满街是,学钢琴学芭蕾舞的地方也很多,然而,瓦斯炉点火这类的补习班不晓得上哪儿找,如果有,说不定很多家长有兴趣。

　　教孩子如何把瓦斯炉点着,教他怎么煮一锅好吃的饭,这本来就是父母的责任,我们别老是要求孩子有什么国际化,居家电气化也是重要的课题!

榜首上山

也是那一年，同来一位年轻的男老师，也是刚毕业，听说还是教师甄试的榜首。往年的榜首，想去哪里教就能去哪里教，他的时运不济，那年就只剩山上几个缺，只得进山来教书了。

榜首上山，我们都觉得很荣幸；见了面，发现榜首好客气，晚餐席间一聊才发现：乖乖不得了，除了是全县的榜首，他还曾读第一志愿的高中，第一志愿的大学。

"榜首上山，真是了不起。"我们说。

他摇摇手，笑着说不不不，真的没什么好夸口。

榜首说他小时候，每次月考都是班上第一。考上第一志愿时，本来也觉得自己很厉害，等开了学，赫然发现，同学全是各校的第一。

和那么多第一名在一起，当然觉得很荣耀，那是

他第一次住在外头，虽然是第一名的学生，可是他不会洗衣服；住宿舍，想吃个火锅，他也没上过菜市场。同学里有人会煮菜，有人会缝衣服，有人会修水龙头，他呢？他只会读书。

"一个什么都不会的人，有什么好骄傲的？"

我们都很好心，问他现在洗衣服有没有问题，衣服破了会不会缝？他说会会会，大学四年期间，跟着同学，学会好多生活技能。虽然不是第一名，但做这些事情都没问题，这才敢上山。

一听到这里，我们这些不是榜首的老师都抬头挺胸了，想上山来生活哪有那么容易？他应该还没用过木柴生火，洗澡可能会有问题；他也不会巡水路，山泉水时常被堵塞住，那时就得上山去找水。

"没关系，大家都会教你。"我们说，想到能教榜首生火和砍柴，瞬间又觉得原来自己也很厉害。

在学校，我们最佩服工友先生，他会开怪手，会拉电线，还自学怎样盖房子，榜首整日跟着他，把读书那股劲儿也放在这里呢；教书时，榜首也很认真，认真备课，认真批作业，他说教书是本分，立志要把孩子们都教好。每回经过他们教室，听他在课堂里朗朗的笑声，都觉得这个年轻人不简单。

后来，只要遇到太臭屁的孩子，我们会叫他去找榜首老师聊聊天，听听从小第一名的人是怎样地谦虚。

教养也能这样做

我们帮孩子把大事小事全做完，孩子就失去练习的机会。父母为什么不敢放手？归根究底，还是在于我们不信任他们。既然不信任，当然少练习；因为少练习，于是什么也不会。

在包办大小事的同时，其实等同于否决掉孩子的学习能力。

小乔的炒蛋

有一年,我们学校举办母亲节晚会,帮妈妈庆祝母亲节。

我们这种小学校没经费,只能拜托各家带一道菜肴来。妈妈们难得有机会大展身手,无不在料理上费尽心思,什么三杯鸡、牛肉汤、碗粿和炒米粉……不怕菜色费功夫,就怕拿出来输别人。于是,几十道菜肴,摆满四张大大的长桌。

小乔的妈妈没空来,吩咐小乔带菜来共襄盛举。跟别人的相比,她们家的菜色明显逊色。那是一盘炒蛋,蛋是普普通通的蛋,放在一个海碗里,有个妈妈试吃了一口,皱皱眉头:"盐巴放太多了。"

她的声音虽然压低了,却让很多人自动放弃那碗炒蛋。

我想,一定是妈妈忙,随手炒一下,也没时间试滋味，就让孩子提了来。吃饭的时候，其他的料理几乎都被人抢光了，只有那些炒蛋备受冷落，依然像山一样耸立着。

　　吃完了，该轮到小朋友表演了。我们安排了一项节目，请小朋友上台说出爱妈妈的理由。小朋友年纪小，童言童语很可爱，每个妈妈莫不拿着手机拼命地拍呀拍。

　　多数孩子讲的都差不多：谢谢妈妈载他上学，让他不会迟到；感谢妈妈每天辛苦煮三餐洗衣服，他现在长这么壮，都是妈妈的功劳；还有个孩子记得肠病毒住院时，妈妈陪在他身边，带他看病，喂他吃药，妈妈又要上班又要照顾他，还在病床边睡着了。不把妈妈当成机器人，能体会父母的辛劳，台下的妈妈听得频频拭泪。

　　轮到小乔，她个子小小的，声音小小的，透过麦克风，声音还是小小的。她说她要感谢妈妈，妈妈每

天要上班,帮忙赚钱贴补家用,她长大了,会自己煮饭炒菜,会自己晒衣服和照顾阿嬷。她对着没空来,要上晚班的妈妈说:"妈妈别担心,我比你想象的厉害,今天那碗炒蛋,是我自己炒的哦。"

空气一时凝结,很多人都不由自主回头看看那一海碗的炒蛋,我不知道别人有没有浮现我脑海里的画面:一个瘦瘦小小的女孩,在厨房里翻炒着她最拿手的炒蛋,然后提着那么重的炒蛋,从家里走到学校……

教养也能这样做

被环境所逼,穷人家的孩子早当家,得提早面对生活的考验,但是,谁知道呢,古往今来,无数英雄豪杰都是这么从底层干起的。

刘邦是这样,朱元璋是这样。

狠心让孩子吃点苦,他们会更有出息。

小心雷公劈

新开学,阿嬷骑着欧都拜(摩托车)载小如来。大眼睛、黑皮肤的小如,进了教室不怕生,因为阿嬷在窗外指挥:"小如啊,你先找椅子坐。老苏啊,我囝仔若不乖,你就尽量给她电甲金系系!(老师啊,我家孩子若是不乖,就尽管骂!)"

其实小如很乖,我从来都不必担心她。她的衣服总是洗得干干净净,但一看就知道,那些是捡自哥哥姊姊的制服,因为上头绣着别人的学号和姓名。

她扫教室时,会主动替其他小朋友捡铅笔、橡皮。班上孩子家境太好了吗?用一半的文具没人认领,小如把它们装在奶粉罐里,上课有人缺文具时,她就说:"东西要爱惜,小心雷公劈。"语气老练,九成九学自她阿嬷。

办同乐会时,别人带了一堆零食,她只带一瓶铝

箔包饮料，我想那是她的家境不好，正要拿一点饼干给她，没想到，她拿起剪刀，先在铝箔包上斜剪一角，还倒了一小杯请我。同学想学她，她利落地帮同学剪，替同学分。再有人请她剪，她摇摇头："你们要喝完再剪，不要浪费了，东西不爱惜，小心雷公劈！"

我想，这都是阿嬷教得好，又想，穷人家的孩子早当家，小如家境不太好，我特别拜托厨房阿姨，如果午餐有剩余的菜肴，请留一份给小如带回家。

选了一个周三下午家访，请小如带路去她家。我的车子在山间小路飞驰，越走越远，直到大山深处，小如指着前方说"到了"。

"到了？"

在我面前的是一栋欧式别墅，前有喷水池，四周有草皮，巴洛克石柱，屋顶还有石造的烟囱。

"这是你家？"我吓得下巴都快掉下来了。

"阿嬷在等你，老师快一点！"小如一溜烟就冲进去了，真的是她家耶。我跟在后头，怯怯拉开锻造雕花的大门，走上橡木的地板，抬头看见挑高的客厅里，有盏水晶吊灯。

我开始不安，想说今天怎么穿布鞋，衣服也太随便。还愣着呢，阿嬷出来了："老苏啊，庄脚所在，没什么好招待的，喝茶啦。"

原木桌上放的是铝箔包，阿嬷利落地剪一刀，倒成三杯，还把自家冰箱的冰块拿出来，每个杯子给几块，一杯自制的冰果汁就好了。

那天晚上，阿嬷还留我吃饭，自己家种的青菜，自己家养的土鸡，对了，在擦得一尘不染的餐桌上，还有两盘学校中午的剩菜——炒三鲜和红烧鱼。

我开始了解，她们家为什么会有钱，而我又为什么常常觉得钱不够用的原因了。

教养也能这样做

> 龙生龙,凤生凤,老鼠生的孩子会打洞。
> 有节俭的父母,自然有不会乱花钱的孩子;来自勤劳的家庭,孩子长大了,当然不会五谷不分、四体不勤了。

妈咪，你要放手啦

一声洪亮的哭声，划破春日营队。声音凄厉可怖，难道小队长在虐待小孩？我们急忙赶过去，发现哭的是小杰，全队二十个孩子，他的鼻涕与泪水却可以淹没同学的脚踝。原来他不想跟妈妈分开，即使妈妈站在门外等待，小杰依然以哭威胁，紧抓着母亲的手放不开。

"别担心，妈妈在这里看着你，不走。"小杰妈妈安抚他。然而第二天，小杰依然含着泪水来营队，母子相望，泪眼汪汪；第三天……

新来的孩子，进入陌生环境，遇见不熟悉的人，一时不适应是正常的。带领营队的小队长有经验，安排许多有趣的活动，让大部分的孩子在安心的环境下玩游戏、学知识，渐渐忘了对父母的依赖，开始融入团队生活。

于是,他们学着自己分工合作,架帐篷、玩炊事、帮忙提水、准备营火游戏,有的孩子还能帮忙整理营地。不必大人吩咐,他们已经学会照顾自己。

这就是参加营队的目的,脱离家庭的舒适圈,暂时离开对父母的依赖,多数孩子都能很快地成长,毕竟那是每一个人的本能。

然而小杰一直无法融入大家,他总担心妈妈会不在。别人玩球,他看着妈妈;别人跳舞,他找妈妈;别人休息了手牵手,他钻进妈妈的怀抱。

小队长跟妈妈说:"其实妈咪要学着放手,小孩太腻你了。"

小杰妈妈摇摇头:"不行呀,这孩子没见到我,他会哭的。"

为了证明她的说法,第三节课,小杰妈妈故意躲了一下,小杰的哭声再度惊天动地地响起来:"妈咪,我要妈咪,我要妈咪啦。"

小杰妈妈立刻出现，拍拍小杰："妈妈在这里，不哭，不哭。"妈妈一边安抚，一边用眼神向我们示意："没错吧，他需要我，我得立刻出现在他面前。"

那怎么办呢？活动时，妈妈站在门外守护；休息时，母子俩手牵手嬉戏；吃饭时，妈妈进来帮他准备餐具，喂他吃饭；回家时，妈妈拿起他的背包，一起逃离这可怕的禁锢学园。

到底是孩子黏妈妈，还是妈妈黏小孩？父母不是超人，无法 24 小时 stand by，即使今天能成功应许他，明天呢？明年呢？

教养也能这样做

家长放手爱更多——这并不是完全放任,而是爱需要适当的距离。犹太人告诫父母:这世上所有的爱都是以聚合为最终目的,只有一种爱是以分离为目的,那就是父母对孩子的爱。如果父母不逐渐撤离,终日把孩子当超龄婴儿养育,那么,即使您播下的是龙种,最后长大的,将只是一只吸附在您身上的跳蚤。

咖啡厅里的才艺班

一般家长怕孩子输在起跑点,七早八早就把孩子们往各式各样的才艺班里送。

我们小区新开了一家咖啡厅,很多妈妈就在这里接等孩子。这家餐厅很大,孩子们坐一边写功课、看故事书,妈妈们坐另一边聊天、开心讲八卦。

不知怎么回事,就有人提到了孩子的才艺课。

第一个妈妈说她觉得烦,幼儿园上的是全英语,现在进了小学,英语不能停,将来孩子要出去念书,她啜口咖啡说:"好想把他转去读私小,这样就把问题解决了。"

旁边的妈妈附和她,说她们家的孩子,最近也做了某某补习班的英语鉴定,才小二,鉴定结果说是孩子已经有小五的程度,她说这话时眉头轻皱,仿佛遇上天大的难题:"哎呀,虽然说那家补习班功课出得多,

费用也很贵,但是能怎么办呢?为了孩子好,还是要咬牙送过去,对不对?"

对面的贵妇级太太安抚她:"哎呀,才英语而已嘛,我们家小威除了英语,还有大提琴要上呢。"

"小二就拉得动大提琴?"

贵妇级妈妈说话时,耳环叮当响:"当然可以,有给儿童用的大提琴嘛,教小威的老师留学奥地利,"她眉飞色舞的,耳环响得更大声了,"老师说我们家小威有天分,可以上大师班了,是他有兴趣,一直吵着说要学,不然,我们哪舍得孩子这么累呀……"

说到这儿,第一个妈妈突然发出尖叫:"糟啦,小英,快收书包,你的英语课快来不及了,走走走!"

其他妈妈也都站起来,这边的要送孩子去钢琴班,那边的赶着要去学资优数学,来去匆匆,有如旋风,热闹的咖啡厅,瞬间安静了下来。

真安静呀,除了刚刚那些孩子满桌没吃完的蛋糕和饮料,地上还散落几支彩色笔……

来帮我倒水的是老板的孩子,也读小二。

他的声音细细的:"叔叔,还想喝水再跟我说哦。"孩子的眼睛很大,笑起来像弯弯的月亮。

我谢谢他,他帮妈妈收拾桌上的杯具,拿着抹布擦擦桌子;擦完了,坐回咖啡厅最角落的位子,窗外有棵鸡蛋花,光影优雅,伴着他写功课、看故事书。老板忙完了,坐在孩子身边,看他一笔一笔写功课,听他讲今天发生的事。

不知道有没有一种才艺班,学的是家事和生活?

有一回参加婚宴,因为大家都有带孩子,话题自然全是孩子经。

从孩子最近一场考试谈起,话题不断在教改与焦虑中打转。学才艺比成绩,明着客客气气,暗中带有一点面子问题。你家孩子如果有学钢琴,我家孩子的

小提琴无论如何总要提上一句。珍妈话不多,多半和她两个孩子玩,小珍读小三,妹妹才五岁,很可爱,像洋娃娃般。

结果,谈天谈成了资优鉴定,这边要珍妈带孩子去补头脑开发,那边要珍妈注重英文:"挑幼儿园最好全美语的,不能输在起跑点哪。"

珍妈笑笑,要大家多喝茶:"瓜子也不错。"

小珍在一旁,顺手折了两个放瓜子壳的纸盒:"放这里才不会跑出来。"

一阵噼里啪啦的鞭炮声,上菜了。珍妈没吩咐,小珍站起来替大家分碗筷。冷盘来了,我们身边的孩子抢着夹给自己,小珍没有,她低声问妹妹要吃什么,细心地替妹妹夹好菜,自己才动筷;鱼来的时候,除了自己妹妹,另一边的小男生也成了她服务的对象,先剔鱼刺,叮咛他们要小心吃;泛着油光的鸡汤上桌时,她找服务人员要了两个汤碗,帮他们舀好热汤,要他们等凉了再喝。

她的动作很熟练,在家应该常常做这些事,问珍妈,她说在她们家就是这样的:照顾妹妹是姊姊的责任。如果在家里吃饭,大家都要等煮饭的人坐好了(就是珍妈)才能开动,那也是一种责任。

"我小时候,我妈就这样要求我呀。"珍妈说得理所当然,没看到我们都瞪大了眼睛。想想我家女儿,好像只要顾好功课,好像除了读书很少想到旁人……

"妹妹呢?永远让姊姊服务?"有人问。

珍妈说:"妹妹要尊敬姊姊呀。小时候有哥哥姊姊照顾,长大了弟弟妹妹就要尊敬哥哥姊姊呀。"

好棒的家庭教育!说起来,这只是很传统的伦理道德,不知道为什么,那天听起来,格外地受用。

给孩子一点儿责任,让他们学习照顾身旁的人,学习敬重照顾他们的人,他们长大,自然就会照顾更多人,这大概没有才艺班教得出来吧?

▎如何让孩子学会打理生活常事 ▎

① 第一份家事,指派要简单具体,帮忙收书桌,帮忙摆鞋子。

② 大声地谢谢孩子,因为有他的帮忙,家事才能这么快做完。

③ 暂时忘掉你的超完美,试着用欣赏的眼光看待孩子的工作,效果加倍。

④ 给孩子专属的 VIP 工具,小扫把、小抹布,因为独特,他会更喜欢。

⑤ 让孩子有选择家务的机会,他就会少了被逼迫的感觉。

⑥ 别在孩子面前抱怨家事烦琐无聊,这会让孩子感到家事很可怕。

⑦ 随孩子成长,调整家事的难度,别忘了恭喜他长大了,能帮更多忙了。

第三章

孩子有解决问题的能力

出去玩，让孩子自己来

每年开学，我们都会请小朋友上台发言，讲讲暑假出门游玩的经验。

阿德很难得出游，那年暑假去了一趟北京，大家都很期待听他报告旅行的见闻，而且，听说北京是个大城市，景点多，美食多，内容应该很丰富。

这孩子上了台，讷讷地说北京有很多古迹，像是长长的长城，还有很多人去逛的一座城市，还有很好吃的白白的那个和一只鸭子。

长长的长城是哪一段他不知道，很多人逛的城市可能是故宫，好吃的白白的那个他也形容不出来，但是他终于记得一样："鸭子很好吃。"

我提示："那是烤鸭对不对？"

阿德搔搔头："对，好像是。"

我猜他跟旅行团前进时，每到一个景点，一定都

躲在后头，不听解说，不看四周，只想着怎么还没到下一站。至于到了下一站做什么，我想他也不知道。

古人说，读万卷书，行万里路。如果像阿德这种一路无感的行万里路，那还真不如老老实实去读万卷书。

曾在溪头森林里遇见一对母女。妈妈像个孩子般，兴奋地喊着，她要去神木，要去竹林，要去大学池："可是怎么走哇？"

小女孩大概只有三四年级，沿路找指标，自己比对溪头的地图，偶尔还会指点妈妈："不是那一条，妈妈怎么都不认真看地图嘛，真是的！"

做妈妈的眼里全是笑意，百分百的让女儿带路，有时还要女儿查查图鉴："这么漂亮的树，是哪一种？"

树下其实有解说牌，妈妈都没有说破，尽量让孩子去找、去发现，她只在孩子真的找不到答案时，才轻轻提示一下。一小段山路，她们耗去大半个上午，

第三章 孩子有解决问题的能力

而且神情愉快,越走越快乐。

进了游客中心,有解说员出来带队了,还没逛半圈,小女孩已经和解说员姐姐手牵手,姐姐解说时,她都是站在第一排,享受 VIP 级的导览服务。

很多孩子跟家人出门玩,坐在车后座,最常问的是:

"现在在哪里了?"

"还有多远才到?"

如果家长真的老老实实跟他们说,他们就会继续窝在后座玩手机、打电动,根本不会花精神研究四周,出门玩,也好像失去了意义。

教养也能这样做

　　小朋友爱发问,那是天性;大人好为人师,抢着给答案,那也是人性。久而久之,孩子们那灵敏的好问机制就会渐渐迟钝。找到答案的快乐,别被家的答案给破坏了,如果不必动脑就有答案跑出来,那么,孩子又何必费神去找答案呢?所以,聪明父母要学笨,要能克制自己好为人师的人性,小朋友才能更聪明哦。

用钓竿搭帐篷

露营那天,小虎队那六个小男生分配到的是新买的帐篷。

"哇,好帅哦!"小虎队的孩子好开心。

"你们最好了啦。"兔子小队的女生很羡慕。

然而,不管帐篷有多新,只有把它搭好,晚上才有地方睡觉呀。花豹队很快把帐篷弄好了,分派人去提水、找石头和架厨具;兔子小队都是女孩,默契最佳,六个人分工合作,也抢在小虎队之前搭好了。

小虎队呢?他们看着说明书正在大声地讨论。

"应该是这样。"队长坚持。

"不对,图上是说这里要这样做。"副队长也坚持。

"那如果都照你的,怎么会错呢?"队长说刚才已经搭过了,搭不起来。

他们"讨论"的声音很大,不过,这是学习机会,

我静静等他们讨论出结果来。

我当然知道正确的搭法,但是,如果他们能自己按图索骥,当他们完成时,其实会学到更多。

一筹莫展之际,细心的副队长把材料全部再核对一遍,终于发现……

"老师,少了一根骨架,难怪帐篷搭不起来。"

六个小男生,像是泄了气的皮球,拿到新帐篷的快乐,全被少一根骨架的失落给带走了。

我给他们两个选择:

把六个队员平均分配到其他男生帐篷里。

或是想办法把帐篷搭起来,下山后再去找厂商要骨架。

六个男生不服气,他们不想去其他组,支持第二种方法,他们跃跃欲试,决定:"我们一定会想出办法的,不然,就睡在搭不起来的帐篷里。"

他们先试着不用骨架,把一角用绳子绑在旁边的大树上。

后来他们也想要把帐篷跟其他组合并,小朋友说,那就是野外三合院。

然而,真正厉害的是副队长找出来的钓竿。钓竿的粗细和骨架差不多,而且韧性也够,当他们真的用钓鱼竿把帐篷撑起来时,欢声雷动的感觉,旁人会以为来到嘉年华会现场。

旁边一个也来露营的叔叔听到声音,大步走过来,带着他们多出来的骨架,动手拆掉孩子们的鱼竿:"你们那样不行啦,晚上睡一半会塌掉,来,叔叔帮你们换下来,明天你们收帐篷时再还我。"

这叔叔的动作很快,看得出来是露营老手,一下子就把帐篷的支柱换好了。

我们谢谢他的好意,他摇摇手说没什么,出外本来就要互相帮助,他回头,对着他们家的孩子说:"看看你们,只会越帮越忙,去那边玩,我自己搭

比较快。"

奇怪的是,虽然换好了骨架,但我们孩子原来那种一起合作的气氛,好像一下子就不见了……

教养也能这样做

让孩子试着去解决问题,从困难里找到方法,他们会更有成就感,还能激发他们面对挫折的勇气。直到现在,我还是觉得用钓鱼竿搭出来的帐篷,真的比借来的骨架有意义。

而且,就算钓竿帐篷真的垮下来,你不觉得那又是另一种乐趣的开始吗?

十盒布丁，该分给谁

有一回参加喜宴，大人很自然地坐在一桌，而十几个小朋友就坐到了另一桌，这在喜宴现场很常见，那些孩子叽叽喳喳，玩开了。只是这融洽的气氛，却在布丁上桌时发生了争执。

上桌的只有十盒布丁，桌边却有十二个孩子，年纪比较大的小杰站起来分配，他把十盒布丁发给其他孩子，自己没拿，也要求另一位年龄相仿的孩子别拿："我们让弟弟妹妹吃。"

嗯，真不错，颇有牺牲自己、照顾弱小的风范呢。

不过，问题又来了，其中有一个小小孩坚决地说："我不要吃布丁，布丁好恶心。"

那，这盒布丁该给谁呢？

原先被小杰指定牺牲的孩子伸手就把布丁拿走了，小杰认为不公平，双方因此吵起来：一个认为对方自私，

一个骂他假惺惺,明明自己想吃……

我们那张桌子的几个妈妈想过去劝架,都被杰妈劝阻了:"别急,别急,先让他们自己解决看看。"

"这是人家结婚典礼,太失礼了。"一位妈妈说。

"要是打起来了……"另一位妈妈说,"怎么办呀?"

小杰妈好整以暇:"就在隔壁桌,场面真的控制不住,你们这些大人还怕来不及出手吗?吃布丁吧,今天的布丁听说是手工做的哦。"

她的话逗得大家都笑了,气氛也没刚才那么紧绷,几位妈妈虽然不放心,也只好边吃菜,边注意隔壁动静。

孩子很自然分成两派:一派认为布丁应该公平分配,把十盒布丁平分成十一份(扣除一个人不吃);另一派的孩子认为要自由竞争,先拿的先吃,后拿的没得吃,他们还举例,每道菜上桌不都是这样吗?

他们辩论时,声音都很克制地压低(比起划酒拳的,硬要灌人家喝酒的,真的不算大),他们也没动手打架,

第三章 孩子有解决问题的能力

一切都在可接受的范围内，原来担心的妈妈这会儿安心了。看看桌上的布丁，她突然想到："哎呀，我这盒布丁给他们不就……"

没想到，整桌大人很有默契地摇头："不行，让他们自己解决。"

那些孩子最后采取什么方法分配布丁并不重要了，重要的是，他们获得大人的信任，相信他们有能力自己解决问题。

教养也能这样做

别以为孩子年龄小,就没有解决问题的能力。实际上,即使是幼小的孩童,也会运用一些策略来解决困境。如果父母急着出手,在孩子不需要的时候就帮他们想方法,让孩子失去锻炼的机会,往后真遇到问题就会束手无策。那时,你保证,你真的会在他们身边吗?

菜鸟训导被学生笑

训导工作繁重,整天要对学生扮黑脸,出手稍重的话,家长一状告上……于是,这年头,大家都把训导视为畏途,校长每年都要拜托好久才能找到老师来接训导。

今年我们校长倒是很轻松,一位新来的菜鸟男老师,自告奋勇要接这烫手山芋。

几个资深老师摇摇头:"真是初生之犊……"他们的意思很明显,"不知死活。"

果然,开学第一天,状况就来了。经过两个月暑假,礼堂好脏,眼看就要始业式了,地没扫没拖,椅子没排没擦,以前的训导,早就把该负责的学生叫来训话了。

菜鸟训导没有,自己拿着扫把默默地扫,扫得汗流浃背,几个孩子经过时还笑他:"老师,你一个人这样扫,太慢了。"

"啊,不然怎么办?"菜鸟训导搔着头问。

"快点扫一扫,拖一拖,然后排椅子呀。"那些小朋友看起来个个都比他专业。

"可是时间剩不多了,来得及吗?"他问。

那些学生摇摇头:"好啦,我们去帮你找人来扫比较快啦。"这些孩子真的把全班同学都找来,还自己分配区域,在始业式之前,一切就定位。

"这样可不行哪,那里明明是他们负责的区域。"有经验的老师劝,"训他们一顿,下回就不敢了。"

菜鸟训导笑一笑,没骂人。那天下午,又有事情了。高年级的孩子在厕所大打出手,训导问:"发生什么事情啦?"

孩子们叽叽喳喳抢着讲,讲着讲着,真理越讲越明了:有人被嘲笑了,于是就打起来了。

训导揉揉孩子的头问:"啊,现在怎么办?"

孩子们讨论了一下说:"他要跟他道歉,然后他也要跟他道歉，因为他也有动手打人。"前一个他是骂人的他，后一个他是动手的他。

"啊，道歉就好了吗？"训导又问。

对呀，刚才打那么激烈，道歉就好了吗？

小朋友想一想，说："道歉就好了呀，啊不然咧？"

对呀，难道还要老师再打他们一顿？孩子都知道自己哪里做错，也用道歉去反省自己的行为了，不然咧，难道还要以暴制暴？

一件又一件的难题不断地找上他，他总是那么不徐不急地问："啊，现在怎么办？"

问题抛回去给小孩，小孩集体讨论，最终都能找到好的方法，如果有什么不妥，他们也会自己发现，然后寻求更好的方法。

想一想，他虽然是个菜鸟老师，却有很聪明的做法呢。

教养也能这样做

训导的做法看似示弱,其实在不知不觉中,已经让孩子反省自己,也练习了解决问题的能力。

家长在家里也是一样,与其一直指挥东指挥西,自己累个半死,孩子还是无动于衷,不如把问题抛回给孩子,通常会有不错的答案。

泡面打翻怎么办

黄昏去校园跑步，几个小孩在草地上叽叽喳喳。原来他们刚才泡了两碗特大号的泡面，有人贪心，汤加太多水却太烫，拿到操场时，一个不小心，泡面洒在地上，面全请草地吃了。

当然，草地不爱吃泡面，所以面条全留在地上。那碗泡面的油葱味很浓，洒在地上的面条也很明显。天色渐黑，校园里，人越来越少了，孩子们讨论的声音，越来越大：

"反正没人知道我们是谁。"

"卖泡面的阿伯会知道！"

"赶快走就没事了啦。"

"可是，明天这里会很臭。"有个小女生说。

小女孩说的我懂：那是良心问题，良心会让他们不安好多天的，而且这是他们读书的地方耶，把学校

弄脏弄臭,即使现在装作不知道,明天上学还是会看见,每看见一次,良心就不安一次。

我边做暖身操,边听他们讨论。多数的人都想赶快溜,却又因为道德良心问题,让他们留在那里发愣,这是标准的两难困境,如何解决?

暖身操做完,我开始跑步,跑了两圈后,突然看到一个球队小女生练完球了,走过来,二话不说,伸手就把那些面捞进碗里,带去校园的厨余桶。

不怕手脏,立刻动手把问题处理掉。不怕麻烦,去办公室找留校老师借扫把,也能把事办妥。最怕什么都不做,跑掉了,却躲不掉内心的不安,往后走过那里,就会见到自己留下的祸事。真佩服那小女生,不知道这种临危不乱与干净利落的办事能力,是怎么教出来的。

隔天上课,问我们班的孩子:"如果你们把泡面打翻在操场,你会怎么办?"

有一位说他会用手捡起来丢掉。

有几个孩子跟我说,他们会找扫把或树叶把面捡起来。

大多数的孩子都说:"把它捡起来吃掉呀。"

我说:"那很恶心耶,有细菌。"

小朋友告诉我:"吃上面的呀,上面没有沾到细菌,干什么浪费。"另一个小朋友有比较文明的方式:"我会拿去水龙头洗一洗再来吃。"

"那不就变成凉面了。"我说。

他很正经地告诉我:"老师,把面再拿去用热水泡一次,就消毒了嘛!"

大部分的小孩听了都点点头:"泡面很贵!"

教养也能这样做

　　我用大人的角度看问题,只想到孩子的教养问题,却忘了,他们只是孩子,看事情的角度跟大人是不同的。听听他们的回答,提醒自己,童年其实不远,就在心境转换与一念之间罢了。
　　他们有解决问题的能力,只是你有没有相信他。

有学问的香蕉

阿宏从小就不爱读书。

他长得壮,小五时,一张标准课桌椅已经塞不下他了,校工特别找来最粗勇的老课桌,他才勉强坐得下。

阿宏家里四个兄弟,他是老幺,父母工作忙,平时也不怎么管他的功课。好了,他既然不爱读书,爸妈又不管,我是老师,我得管。

我找到机会就跟父母说,回家要盯孩子看点书。父母说,三个哥哥都是品学兼优,就出这一个不爱看书的。

阿宏妈妈还安慰我:"没关系啦,至少有百分之七十五是有读书基因,这一个,就留下来替家里种香蕉。"阿宏妈妈以一种完全接受孩子特质的妈妈口吻说。

他们家,有偌大一片香蕉园,那是阿宏从小的乐园,不必爸妈催,他回家一放下书包就去果园帮忙,扛香蕉、

送肥料,爸爸让他学开小怪手,他也开得有模有样。

对阿宏来说,种香蕉、做家事不困难,他唯一烦恼的是课业,打开书本就想睡觉,数学题只能做最简单的,作文也写不出一段流畅的话。跟他讲,要他加加油,多看看书嘛,他总是笑一笑:"我长大要种香蕉,不必懂数学。"

说得好像有道理,但我担心他上初中。初中课业重,上了初中怎么办?没想到,他到了初中,依然如鱼得水,早早就向班主任宣布他的大计划:"我初中毕业就要去种香蕉。"班主任开导不了他,只能由他。

果然,这孩子初中毕业,真的去种香蕉了,偶尔路上遇见了,他还会丢串香蕉给我,要我带回家去加菜。

谁家会用香蕉来加菜?

他不理,香蕉继续丢给我,快乐爽朗的笑声,和小时候一模一样。

倒是过了两年后,有一天我赫然发现,他背着夜

第三章 孩子有解决问题的能力

校的书包,站在桥头等公交车。我把车停下,免不了要问:"你不是说读到初中就好,不是说你再也不想读书了?"

他很老实地说,种香蕉还是要懂肥料和农药:"不然种不出好的香蕉。"

"所以要去读书了?"我问。

他点点头,加一句:"吴宝春也要去读书了啊。"看来他真的有读了一点书,连宝春师傅的故事都知道。拣自己想读的书去读,读有所需要的书,我想,阿宏以后种出来的香蕉,一定会更有滋味吧?

教养也能这样做

　　因为香蕉种不好,所以要开始读书。"需要"是强烈的动机,家长应该善用它。

　　让孩子帮忙算账,孩子就得学好数学;请孩子帮忙写封信给奶奶,孩子的作文就得好好写。生活中时常制造"需要"的情境,小朋友会发现:原来,学问就是用来解决问题的嘛。

十一的梦想

有一年到上海参访，十一总走在队伍最后头。十一是工作人员，怕我们掉队，也盯我们听讲，我几乎每隔一阵子就会听见她叨念：

"王老师，走快一点。"

"王老师，别东张西望。"

天哪，好严格的十一。

对了，忘了说，十一是个女孩，年纪轻，个子高，笑声很爽朗。

要回台湾前，终于有两小时的自由时间，在外滩迷蒙的夜色里，风很大，天气很凉，十一像变魔术般拿出两个超人头套，自己套了一个："超人游上海，还有谁要戴？"我们那一团都是各校的老师、校长，平时在讲台上道貌岸然状……

我想想，反正上海也没人认识我，终于鼓起勇气

戴了,好玩的是,戴了头套后,人疯狂起来了,敢叫敢笑敢跳,她大笑着跟我们说:"我早就想在外滩变超人了。"

对,她梦想在外滩变超人,千里不觉苦地藏着头套到上海去,鼓励我们这群正经一辈子的老师们,勇敢地做一回自己。

十一本身就是个很有梦想的人,她的行动力又超强。大学毕业时,她去泰北当老师,在别人想着如何成家立业赚大钱时,她在泰北实现了梦想;她梦想到南美流浪,即使只懂几句西班牙话,照样飞到南美,在当地流浪三个月,收集南美孩子的梦想回来。她鼓励台湾偏乡的孩子:"只要你有梦想,你就有改变的可能。"

她进了基金会,把正向能量带给周遭的人,基金会里的工作同仁开始去跑马拉松,用不同的点子来带领学童。因为一个人,影响一个基金会,因为一个基金会，引领偏乡两百间小学开始勇敢做梦。

十一很年轻，大学刚毕业没几年，但她做过的事，我可能要花好久的时间才敢跨出第一步（包括戴超人头套），我把十一的故事告诉学生："这世界上需要敢做梦的下一代，才能引领世界往更美好的地方前进。"

《小王子》的作者圣·修伯里说："如果你想建一艘船，不要告诉手下人如何锯木头，如何缝帆船，如何准备工具，如何组织工作，而是让他们渴盼远方，迫不及待地要扬帆出发。"圣·修伯里就是一个寻梦踏实的高手，他热爱飞行，渴望远方，他笔下的故事，就有这种海阔天空的自由思想。

想想，该用什么方法鼓励我们的孩子做梦呢？

▎孩子心里有个大大的梦想 ▎

① 任何荒诞不经的想法,都可能是改变世界的起点,重视孩子的想法。

② 让孩子写信给他有兴趣的领域的研究者,提出问题,向他请教。

③ 小小孩也能改变世界,陪着孩子一起做梦。

④ 鼓励孩子把想法变成行动。

⑤ 带孩子去参观他有兴趣的特展。

⑥ 阅读名人传记。

⑦ 拜访名人故居。

第四章
打不倒的自信来自同理心

低人一等的自卑感

　　到山间小学那一天，寒流来，气温低，戴手套还觉手指冻，但这挡不住孩子的热情，他们全校师生挤进铺原木地板的图书馆，我讲故事、带动唱和耍宝；小朋友负责欢笑和跳跃，因为快接近圣诞节了，我倒觉得自己像胖胖圣诞老人了。

　　活动到一半，我们笑得正开心，门口传来一阵喧闹，我瞄一下，是一个小男孩，他迟到了，但是不肯进来。

　　小男孩顶多二年级，个头小、力气大，年轻女老师拉不住他；他的爸爸，看起来年纪很大的爸爸摇摇头，嘟囔着什么，说完了话，转身走了，留下僵着的孩子。

　　奇怪了，他没听见图书馆里满满的笑声吗？

　　我走过去想帮忙，负责的主任按住我，摇摇手说那孩子本来就这样："别理他，等一下就好。"

我继续带领活动,小男孩坐在门口,既不进来也不出去。全校欢呼的声音,都快把屋顶掀了,他却低着头,动也不动。

我实在受不了这样的孩子,带着大家喊:"欢迎光临,欢迎光临原木地板图书馆。"

全校一起喊的声音,终于让主任生气了,他大踏步走过去,一把将小男孩抱进来,吼了一句:"每次都这样。"

这下子全校到齐。

也许因为他比较晚进场,也许因为他个头小,总之,小男孩老是待在人群后头,连头都不肯抬起来。

"到前面来,好不好?"我问。

他摇头,还多退一步,眼看又要退到门口了,我急忙绕过去。正想拉他出来时,突然,我看见了他的两只脚不安地在地板上搓来搓去,嗯,他的袜子除了颜色不同,脚趾头还从袜子里头露出来。

看着他，我突然发现他的肩膀好瘦，爸爸大概不知道孩子袜子破了……难怪他不进地板教室，因为这里要脱掉鞋子。

难怪他不到前面来，因为到了前面，会被同学看见他的破袜子。

我急忙回到前面，让孩子们坐下来听故事。坐下来，两腿盘着，谁也看不见谁的脚，我偷偷瞄他，他正跟同学一起笑，是那种放心了的笑。

小时候家境不好，我也穿过开口笑的鞋子、露出脚趾的袜子。那时候，父母要抚养四个孩子，一年买一双鞋都觉得奢侈，鞋袜破了，也得天天穿去学校，但是坐在教室里，低人一等的自卑感，即使到现在成年了，印象都还鲜明。

教养也能这样做

回想小时候,我们对很多事都很害怕、困惑。那时,我们最盼望有个懂我们的大人,不管是父母或师长。

在适当的时候,跳下来,陪孩子共同面对成长的挑战。那可能是解一道难题,可能是参加一次比赛,只要多这么几次,你就会是孩子成长时最好的伙伴。

你还在说谎

天气很好,陈老师却很生气,他们班级种来观察的小白菜,一小半站着,其他的都快枯死了。这个星期,负责浇水的是阿翔。

老师生气了,阿翔却说:"我每天都有去浇水啊。"

陈老师铁青着脸,带他回菜圃。菜圃里,别班的菜都长得欣欣向荣,只有她们班的白菜奄奄一息。

"这是怎么回事?"

"我真的有浇水。"阿翔还在说谎,"而且浇了两桶。"

陈老师没有当场拆穿他(当然,也没有证据呀)。幸好,对付说谎的孩子,她有绝招。

第二天,陈老师早早就到校了,她站在三楼的阳台俯瞰:阿翔到校了;阿翔笑嘻嘻地进教室了;砰的一声,阿翔提着水桶去浇水了。

对了,砰的那一声,是他把门关太大力了。

"我看你去哪里玩。"陈老师按兵不动,想等会儿再来个突击抓人。

阿翔经过一年级教室,一年级的孩子围着他大叫:"阿翔哥哥,拿钥匙。"

钥匙挂在办公室,但位置有点高,一年级拿不到。

阿翔放下水桶,啪啪啪啪跑去办公室,啪啪啪啪跑回来,他不但替一年级开了门,还冲进教室帮他们开了窗,阿翔的声音很大:"好了,好了,哥哥要去浇水了。"阿翔的声音很响,在三楼都听得清清楚楚。

说浇水,他还得经过二年级,二年级的小女生嘻嘻哈哈跟着他,阿翔停下来:"快回教室。"

"阿翔哥哥,兔子还没喂。"那些小女生的声音也很大。

二年级养兔子,陈老师她们班的阿翔,啪啪啪啪跑进二年级教室,啪啪啪啪抱着二年级的兔子笼出来,陪着那些孩子清便便、放饲料，都办好了，站起来拍拍手："好了，我要去浇水了。"声音飞扬，充满喜气。

问题是，他的时间剩不到五分钟了，浇那片菜园至少得要两桶水。

为了赶时间，阿翔装了满满一桶水，他提不太动，走的时候桶里的水不断洒出来，等他走到菜园边，只剩下小半桶的水。

钟声还是响了，阿翔把那仅余的小半桶水浇在菜园上（难怪有一小部分的菜长得还不错），然后飞奔着又提了一桶，照样洒洒泼泼大半桶，最后才提着空桶，啪啪啪啪地回来了。

帮一年级开门，替二年级抱兔子笼，水也真的有去浇，只是……陈老师想到这儿，偷偷吁了一口气："幸好，昨天没有指责他说谎；幸好，今天我站在这里。放学后，也许我该去买条水管来。"

教养也能这样做

把孩子告诉你的话,当成大人跟大人之间的谈话,重视它,并试着理解它;认真了解孩子,别急着否定他们,孩子就愿意为你敞开心门。

有大人以同理心看待、接纳的孩子较有自信。因为他们不管遇到什么挫折,都会相信,这世界上有人懂他。

我爸爸没工作了

老宋来蔬果组时已经五十多岁了。蔬果组多半是工读生,即使是组长也只有二十来岁,赶工的时候,老宋帮不上忙,因为他的动作慢;要扛货的时候,老宋说他的腰曾受过伤,意思很明显,他得退居第二线。

大家不懂,公司怎么会用他这样的"人才"?

老宋笑了笑,说他原本在这家集团下的塑料工厂工作,但是,从他接近退休前几年,公司就很体贴地让他展开"环台游牧"。

"先去花莲的农药部门当店员,再到屏东当饲料厂的作业员,现在轮到来你们这里做包装员。"老宋的话里没有火药味,"公司算得很精,他们知道年纪大的人适应力不好,把人调一调,就会自己走掉,省下退休金。"

老宋说跟他一起环台的同事,很多人受不了,退

休金换成资遣费走人。他还有孩子要养,他得跟公司比赛,看谁先倒嘛。

我忘不了老宋的样子,手长脚长的他穿着蔬果组白色工作服那别扭的模样,但他话里的淡然与坚定,是年轻时我不懂的事。

前阵子,我们班小琦的爸爸失业了。公司结束营业,说要到南方某地重起炉灶。琦爸告诉我,他的孩子还小,他想留在这里打拼,看着孩子长大。

琦爸原来是管理阶层,现在一时清闲,暂时成了超级奶爸,接送小孩由他,周三还来跟小朋友说故事。他说工作太久了,暂时休息一下,再重新出发:"反正我这工作要技术,随便找都有地方。"

然而好像哪个环节出了差错,琦爸迟迟找不到满意的事做,直到小琦告诉我:"爸爸在五金行上班。"

我们这种小地方,就只有一家五金行,我以为琦爸去当店长,结果也不是,就是个店员。我去店里找他,他正在搬货,穿起制服与其他年轻工读生格格不入,一点儿都不像他,我问他将来有什么打算。

他笑了:"以前好过,现在也要享受挫折。我总要给孩子做个榜样,不管什么样的生活,都要快乐地过。"

我突然想起老宋,当年我太年轻,不懂老宋的话,现在我年纪也大了,终于能体会他为什么要把环台换职务当成旅游了,那是一家之主的骄傲,活着,就绝不被斗倒。

教养也能这样做

　　我常常这么想,孩子想要怎样的老师呢?他们一定希望老师笑口常开,老师上课会教得很有趣,整堂课能多一点活动,不要老坐着听老师讲话。

　　相同地,你也可以问自己,你想当个怎样的父母,你的孩子希望遇到怎样的父母?经常这么想,你和孩子的距离会缩短,亲子关系会更好。

永远忘不了的两巴掌

没错,就是他!

张老师盯着点名簿确认:簿上有个名字,那是他初中训导主任的小孩。这么巧,真的被他教到了。

这应该是很多人的梦想:"如果你的小孩让我教到,那时……"

当年,他们的训导主任很凶,每一节下课,学校的破喇叭都会传来训导主任的声音:"某某某,立刻到训导处来。"

训导处,在那个年代像是明朝的东厂,被找进去绝对没好事。当年,张老师偶尔经过训导处,总会看到成排的人罚站,有时是训导主任背着手,对着犯错的学生破口大骂;更多的时候,是主任在甩人耳光,啪啪啪啪的声音,让他只想快步离去。

"千万别让训导主任抓到。"张老师小时候的愿望,

就是这么卑微。

然而，还是有一次闯祸了。升旗唱歌的时候，张老师心血来潮，把歌倒着唱，他这一乱，全班同学跟着乱，大家笑得东倒西歪，正兴奋呢，他的脖子突然一紧，是训导主任的大手。

"唱歌你也敢捣蛋……"主任的口气很凶，他还没反应过来，啪、啪两记耳光就甩在他脸颊上。

全校几千双眼睛，应该同时都在看着他吧，在那个惨淡的青少年时期，怎能让人公开羞辱，他宁可被抓去训导处痛打一顿，也不要在操场上！

那是他当年最大的痛："如果有一天，你的小孩被我教到……"

他想过各种手段：重打回那两巴掌，出永远写不完的功课，或者天天叫他儿子或女儿到外头罚站。

那年，张老师的成绩不稳定，总是上上下下的，想报仇只有拼命读书。晚自习时，他自己骑单车回到

第四章 打不倒的自信来自同理心

五公里外的家，夜凉如水，田野无光，骑那段路很可怕。最后一次模拟考前，他大概读昏头了，把田埂当成马路，连人带车跌进田里。

幸好，有辆车经过，有人把他抱起来，车子摔坏了，人倒没事，他全身泥巴被那人抱进车里去，那车主也不嫌脏。

开车的是训导主任，他一定忘了曾打过张老师巴掌，只一路问他没事吧，回家要泡泡热水澡，声音很急很温暖，倒像爸爸。

主任的小孩，有张胖胖的脸，笑起来其实很像主任："当年你爸爸救过我。"

那是张老师的开场白，事隔多年，他还记得。

教养也能这样做

大人不经意的话,可能让孩子一辈子记在心里;相同的,一句温暖、懂他的话语,他也会永远放在心上。

家规定下了就要遵守,但是在处罚前可要留时间听他解释,这样即使事后还是要处罚,孩子也会心服口服。

天底下哪有三眼猫

那天去参加美术课的教学观摩。教学演示的老师很年轻,主题是动物,她准备了一只小猫。当小猫被抱出来,教室里掀起一阵热烈欢呼声,听那笑声,这场观摩会铁定是九成九成功了。

老师引导小朋友观察小猫,让小朋友抱抱它,摸摸它,这才让他们动手画,因为前面活动带得好,孩子们都画得棒透了。然而,坐我们前面的小女孩,明显没把老师的话听进去,甚至根本没有细心观察,因为任谁都看得出来,她的小猫多了一只眼睛。

"天底下哪有三眼猫?又不是二郎神。"坐我旁边的男老师说。

"手冢治虫的三眼神童,才有第三只眼。"另一个老老师很好心,提醒小妹妹:"你多画一颗眼睛了。"

小妹妹没听到,粉蜡笔在图画纸上飞快地涂呀涂,

这下子连毛色都不对了，老师带来的是花猫，她图画纸上的猫却是黑色的。

老老师摇摇头："啊！我看她们老师会晕倒。"

年轻的女老师没听到我们的对话，她巡到了小妹妹桌子前面，愣了一下，咦，她没有晕倒，相反的，她竟然兴奋地蹲在桌边问："比墨汁还要深的黑？还有第三只眼睛，它在等老鼠吗？"

小女孩笑了："老师，你说出来，老鼠就不会出来了。"

女老师会意地点点头："所以这只猫会变色？变成黑色，躲在夜里？哇，你好厉害，再狡猾的老鼠都会被抓光光。"

听到老师这么夸，小女孩的黑色蜡笔全涂光了，整张纸上只剩那三只黄黄的眼睛，仿佛正在盯着人瞧呢。

其他的孩子呢？他们好像也都在同时间得到了启

发，有人画身上冒出火花的火猫；有人画的蓝猫脚上还有蹼，说是能在大海遨游；有人……

那节课里，我们不断听见老师称赞孩子的"创意表现"，即使画坏了，她都称赞他们："哇，你有勇敢搞怪实验的点子，要是我绝对不敢这么画。"

因为老师的话，所以每个孩子都迫不及待想画给老师看。

我们这群来取经的老师，听着听着，竟还有人在教案空白的地方画了猫，然后示范教学的老师走过来，点点头，两人没说话，只用眼神短暂地交流，那是一种我懂的眼神。

有个懂你的人，还怕什么难关吗？

教养也能这样做

常在写生会场看妈妈们指导孩子画画,边指导边用擦子擦,最后孩子干脆跑去玩,整张图留给妈妈画;我也常收到布满擦拭痕迹的作文,里头的句子明显是大人口吻,孩子事不关己地说:"那是妈妈指导的。"

指导,不是把孩子的作品变成你的,而是要指导孩子"拼命想做给你看"的动机,有那动机在,学什么都会很成功的。

没有犯过错的人举手

那是一场差距颇大的棒球赛,小朋友的。来到六局,一出局,落后的球队终于上垒了,情势大好,然而一垒的小选手不知道是想盗垒还是想干扰投手,离垒过远,被对方捕手牵制出局。

两出局了。我们正叫着可惜,场边传来一阵咆哮,是落后方的教练。

"要跟你讲多少次?"教练很年轻,拿着球棒冲进去。

裁判和守方的教练急忙从后头拉着他:"有话好好说。"

"我说了很多遍,他就是不听。"

其实这场球赛,类似的场面已经出现多次,小球员一犯错,那位教练就在场边破口大骂,他当然只骂自己的选手,声音却比广播还清楚。

坐在台上的大会主席也下来了,他把年轻教练请到一旁:"教练呀,你的选手到底是不懂、不清楚,还是不熟练?"

"啊?"

"我是问你,他们是不知道怎么盗垒,不明白盗垒的时机,还是不熟练盗垒的技巧?"

"这个哦……"年轻的教练搔搔头,他大概没想到。

"如果小朋友不懂就要在学校教到懂,不明白什么时候盗垒就要练习看暗号,如果是不熟练……"

"那就要回去再练。"年轻教练懂了。

主席也把小选手找过来,吓得半死的孩子都哭红了脸,主席轻声拍拍他的背问:"小朋友,你刚才怎么出局的?"

"我……我……"他有点害怕。

"别怕,告诉伯伯。"

孩子看看大家,擦了擦泪:"刚才教练下暗号,

第四章 打不倒的自信来自同理心

可是我看不清楚，想要走近再看仔细一点就出局了。"

"近视，"主席笑了笑，"难怪看不清楚。"

这下真相大白，孩子看不明白，当然什么战术也做不好，更重要的是，教练容不下小朋友犯错。他心里急，越骂，孩子的动作就越僵硬，动辄得咎，也就越打越没信心。

反之，对方球队的孩子也会犯错，然而他们的教练会把孩子带到一边，轻声吩咐几句，说完了，他再拍拍孩子的肩，检讨、鼓励，当然越打越顺手。一场球赛恰好看出双方教练的容错指数，容错指数高的，孩子表现就越有自信，越敢去尝试。

教养也能这样做

问问身边的人,一辈子没犯过错的人请举手,应该找不到吧?既然犯错免不了,何不正向看待,别说孩子,我们大人也要学习。留给孩子犯错的空间,容许他失败,他才不怕挫折,并且能从错误中学习,勇于再次挑战。

孩子的好，为什么看不到

阿泽有两个孩子：哥哥像扶不起的阿斗，学什么都学不好；弟弟聪明又听话。阿泽便把希望全放在弟弟身上。

弟弟升上初中继续崭露头角，到了初三几乎都保持在校排前三名。阿泽欣喜若狂，对弟弟的要求更高："你再这样保持下去，离会考只剩两个月，你一定可以……"

先读明星高中，再上台清交，阿泽替弟弟的未来画好蓝图："真是祖先保佑呀！"

哥哥呢，哥哥是阿泽心里的一朵乌云，不提也罢。

也就从那个月开始，弟弟的课业像是反转直下的云霄飞车，校排名从第一落到了二十七，阿泽急坏了："你要记取这回教训，知道吗？"

"爸爸，我只是一时失常，别担心。"弟弟安慰

他的声音犹在耳边,下一次模拟考,他继续坠落,成了七十一。阿泽气疯了,骂他不认真,指责他读书没方法,甚至举了老大出来:"别学你哥哥!"

弟弟抹抹眼泪,点点头,说要回房去读书,不知道怎么回事,他走路时偏了一边,有点歪,阿泽扶他,他说不必,但神情就是不对。阿泽急忙送弟弟去医院。医生好心,留孩子观察,等检查出来,脑子里长了东西,得动刀……

"他平常功课好不好?"医生问脸色苍白的阿泽。

"很好啊,本来校排都第一。"阿泽说。

"脑里被压迫到,还要读这么累,他的压力一定很大。还有,他这些情形应该有一阵子了,你都没发现吗?"

医生的话让阿泽崩溃,他很少哭,但那天不同,开车回去的路上,他不断地狂吼,骂上天不公平,也骂自己怎么没注意到孩子的身体变化。

第四章 打不倒的自信来自同理心

弟弟开完刀住在加护病房,隔着窗,阿泽远远地望着孩子,看他蜷缩在床上。阿泽想起孩子刚出生时,也曾住在婴儿房里,他当年也是这么望着,那时心里只有期盼孩子平安长大,如同现在。

老天眷顾,老二醒来了。哥哥天天来陪弟弟,陪他练习下床,练习走路,跟他说笑话。弟弟的反应少,但哥哥总不放弃。

"有进步了,有进步了。"弟弟每天进步一点点,那一点点可能只是自己会吃饭,会应答。听着哥哥鼓励弟弟的声音,阿泽发现:两个孩子其实都很成才,不管是爱护弟弟的哥哥,还是努力复原的弟弟。他摇摇头问自己,孩子的好,为什么以前总是看不到?

▌同理心的教养七招 ▌

① 耐心听孩子讲话,别急着下判断,聆听是同理心的开始。

② 同理心不只在"观照别人",事实上,同理心更应放在"察觉自己"上。

③ 我们越能接纳孩子的情绪,孩子也就学会接纳别人的感受。

④ 用表演的方法,让孩子站在对方角度说话,是培养观照他人想法的好方式。

⑤ 带孩子参与公益活动,参与生态环境营队,都能打开他们的视野与心胸。

⑥ 孩子有冲突时,让他们冷静下来,听听双方说法,并试着自己找出解决之道。

⑦ 相信孩子,绝大多数的事他们总能想到解决的办法。

第五章
善用电子产品增进孩子的能力

去便所乔代志

第二节下课，办公室热闹极了，原来是三个二年级的小男生，带着一个一年级的小男生"去便所乔代志"。

一年级的小男生哭得稀里哗啦，说是二年级的小男生要他"担起责任"，还要他下跪赔罪。

怪了，那几个小男生，平常挺乖的，押人去"乔代志"，又要人家下跪赔不是？训导老师慎重问他们什么叫"去便所乔代志"。

三个小男生你看我我看你，支支吾吾半天，勉强解释说是去厕所办事情。

我们问这句话是从哪里学来的。有两个说是看电视学的；另一个好笑了，他根本不知道发生什么事，只因为被同学叫了去，就跟去了，人家喊"担责任"，他也跟着喊"担责任"；人家喊下跪，他也跟着喊下跪，完全没有判断是非的能力。

"这样叫作霸凌,懂不懂?"我说。

他们似懂不懂地点点头,我只好再解释,"你们这种行为是以大欺小,也是以多欺少,以后不可以,懂不懂?"

三个小男生继续点点头,看来只好通知家长多注意了。

第一个小男生的妈妈信誓旦旦,说是家里绝对没给孩子看电视。

她说:"有的话,也是跟着阿公阿嬷看,有阿公阿嬷在,不会乱看电视啦。"如果不乱看,孩子那些话又从哪里学来的?

第二位妈妈要求:"老师,功课再多出一点,他回家就不会整晚只看电视了。"说来说去又成了老师的责任,功课早早写完了,小孩只好看电视;想让小孩不看电视,那作业就要出多一点?

电视不是洪水猛兽,还是有可取的地方。班上就

第五章 善用电子产品增进孩子的能力

有个小男生，他的科学知识特别好，知道世界上最毒的十种蛇，说得出世上最大的花叫"帝王莲"，说是爸爸规定，想看电视可以，只能看动物频道、探索节目。爸爸、妈妈有空就陪他看，没空就让他自己看，"吃饭时爸爸会考我，如果我没认真看，他就会叫我再看一次回放。"

看得出来，孩子有位用心的爸爸，善用电视的影响力，培养孩子选择节目的能力。

其实，孩子不是爱看电视，少的是家长的陪伴，只是家长总以忙碌当借口，电视才会变成孩子童年的玩伴，不知不觉中，影响了他的言行举止。

教养也能这样做

小朋友年纪小,学习模仿能力快,一个不小心,电视上喊打喊杀的情节,就会在无形中影响孩子的行为。电视保姆不可怕,怕的是没有经过筛选的节目,它们轻易进入孩子心里,任意改变小朋友的想法,那才是真的让人难以招架。

"老苏"拜托一下啦

一通电话打进教室，是菊妈："老苏，拜托一下，赶紧叫阮家阿菊仔来听电话啦。"

小朋友都上音乐课去了，转去音乐教室却没人接，我只好问菊妈："有什么事呢，需不需要我转达？"

"老师，拜托一下啦，快啦……快把阮家阿菊找来啦！"

听菊妈那十万火急的语调，我心想，糟了！莫不是菊嬷的病情发作，还是菊爸遇到意外："好好好，我立刻找小孩，你别急！"

我在走廊上狂奔，音乐教室没有人，图书馆里没有人，好不容易才在操场一隅找到孩子，音乐老师正让她们闭上眼睛聆听风的声音，感受大自然的天籁。

"美不美？"音乐老师问。

"美极了。"孩子们说。

蓝天绿地，多美的一幅画面，可是事发突然，再不礼貌我也得打断这优雅的课程，拉着阿菊就朝教室狂奔，边跑边对她做心理建设："听你妈那口气，事情一定很大条。"

我安慰她："你千万要坚强，不管发生什么事，老师都会帮你的，知不知道？"

"是阿嬷的高血压又发作了吗？"她问。

嗯，说真的，我也不知道，但是我知道："你要坚强，不管什么事，都不要怕，老师一定会帮你的，知不知道？"

想到她年纪这么小，就要面对这种生离死别……

"难道是我爸？"想到爸爸，阿菊哭了："他最爱喝酒，没事就一直喝一直喝。"

她边走边哭，哭声震天。我想，先让她哭一哭，把情绪发泄一下也好。

阿菊抢先一步进教室，迫不及待接过电话，我在旁边急呀，问她，她却示意我等一下，嗯啊嗯啊的讲了大半天,最后对着话筒强调:"在冰箱旁边,有小乌龟那个……"

怪了,难道在抄医院电话?

"咚"的一声,阿菊把电话挂了。

"阿嬷还是爸爸?"我问。

她拭去眼泪,看着我平静地说:"我妈说她暗黑三的账号密码找不到,问我抄在哪里,她急着要打。"这孩子的泪水还挂在脸庞,亮晶晶的。

"暗黑三,那是……"

"联机游戏呀,"她破涕为笑,"我妈妈陪我练打怪,她自己糊涂,密码抄一抄乱放,只好打来学校问我。"

天哪!菊妈!你找不到密码,也不要这么吓人嘛!

教养也能这样做

这个故事真的不是笑话,现代社会变动快,很多家长沉迷在手机里。孩子写功课时父母在旁边玩手机,如果家长无法远离游戏的诱惑,又怎么让孩子静心读书写功课?

为了孩子好,先把游戏停掉吧。

你有没有这样的朋友

每学期一次的班亲会,风凉月静,因为一学期才一次,家长来得很踊跃。蓉妈也来了,才到门口,我就听到她的笑声:"好久不见,你最近好不好?"

真是热情的家长,我急忙去迎接她,不过她下一句让我吓一跳:"想死我了。"

我迟疑一下才发现,她是在讲电话,想的不是我。

那天晚上,我在台上讲,她在台下讲。不过,她不是跟我讲,她在跟电话那头的朋友说,说到开心的时候,她站起来,跑到走廊讲个痛快。

别的家长有问题,我们现场讨论,现场解决;蓉妈有问题,她透过电话:"我现在开班亲会,等一下就去。"

我们以为她要进来了,不,这头刚挂了,她又忙着拨那头,说是有重要的事。

那天她有事先走:"老师,蓉蓉的问题,我再打电话跟你说。"看来也只能这样,我想起来,她和我通电话时都是那种热情、开心的语调,一到现场……

明明人来了,心却没来。明明想来听听孩子的在校情形,最后还是在打听朋友今天去了哪家餐厅。

这样的例子不少……

有一回和朋友相聚,优雅老师也带孩子来了。

优雅老师是插花高手,还会教小朋友茶道,对人客客气气,讲话慢条斯理。不过,那天她从头到尾手指不断在桌面轻轻敲,眼神时常飘到外层空间。

几个朋友开她玩笑:"大红人,这么忙呀?"

她说没有,但她的手机每隔几分钟就会当当响几下,她总忍不住会把手机打开,低头看看,回几个讯息。

回完讯息,她看起来心安了,端坐。只是,手指仍继续敲击,眼神继续飘移。

上菜了,她第一个动作就是拿手机拍下,迅速调颜色，写几行字，上传成功。接下来，手机响得更快了，当当当当，这回她根本不问我们，只顾着回讯息，偶尔站起来到一旁回电话："你看到了，好好吃哦，对呀，这家餐厅在……"

我们相互看一眼，她的餐明明只动了一两口。

终于，她讲完电话，落座，饭没吃，因为又有朋友留了言，优雅妈妈的孩子拉拉她："妈妈，好好吃的咖喱猪排唷！"

"咦！你刚才说什么？"优雅老师眼睛睁大。

"好好吃的咖喱猪排唷！"孩子不解，又说了一次。

"等一下，等一下，你再把刚才的动作做一次。"她急匆匆地取手机，指挥孩子摆动作："汤匙再往上一点点，很可爱，啊，有点逆光，转过来一点点……"

孩子大概早已习惯妈妈的反应，像个机器人般跟着做完所有动作："我可以吃了吗？"

优雅老师没空回答，因为她正忙着调照片，做编辑，

上传到社群网站。

果不其然,一会儿后,一阵当当当当响。

我们其他人倒是聊得挺开心的,唯一可惜的是优雅老师,她真的很忙,咖喱猪排都放到凉了。出门时,孩子拉着她的裙子,她忙着讲电话、掏钥匙。我想,莫不是家里发生什么大事了,否则……

出去时,恰好听见她在说:"对呀,终于出来了,好呀,等我哦,我们等一下聊!"

原来是要约下一摊,原来不是大事。幸好,回家后,我终于和她好好聊了一下,你应该可以猜得到,我是在脸书上找到她的博文,写的是那天下午的事,她很开心地跟我分享餐厅的点点滴滴,以及孩子对咖喱猪排的反应:"真的很好吃,我们改天再去。"她在文末这么说,"我孩子说那是她吃过,最好吃的咖喱猪排饭。"

教养也能这样做

不晓得哪位作家写过：世界上最远的距离是我坐在你面前，而你看不见。

没错，优雅妈只看见网络上的朋友意见，一句小小的留言，都能让她兴奋很久；然而坐在她身边的孩子，等着跟她谈天的朋友，她却看不见。

手机重度使用者如我，我是不把手机带出去，如此，就能专心聊天过日子。

三魂七魄被游戏拖了去

午夜十二点,祥妈敲开我家大门:"阿祥在你们家吗?他不见了。"

说是傍晚时分,爸爸把阿祥的网络线扯断,结果"他跑出去,到现在还没回来"。担心挂在祥妈的脸上,嘴巴上说随便他的祥爸,焦急地把网吧和同学家都找遍了。

我们帮忙找,大街小巷转,深夜两点,终于在初中楼梯间找到了。瘦瘦小小的阿祥,躲在里头喂蚊子。

"你这憨孙仔……"阿祥回到家,奶奶抱着他,哭得好凄惨。

阿祥家卖肉圆,爸爸、妈妈和奶奶照顾店面。阿祥小时候很乖,回家自己写功课,写完自己看看书,祥妈帮他找了才艺班,他背着大包小包去上课。假日店里生意太忙,他也会帮忙收拾碗盘,大家都觉得他很乖，很懂事。

祥妈说："坏就坏在升上高年级，他有天回来吵，说同学家都有计算机，他也好想要一部。"

"好啊，只要你这回考试考得好。"那回，祥妈这么要求。这是很多人的想法，只要孩子好好读书，要什么东西，爸爸妈妈都买给你。

那回考试，阿祥考得很好，祥爸兴冲冲地抱了台最贵的计算机回来，还说："孩子，继续努力，拼上第一，要什么，就买什么。"

有了计算机，阿祥吵着要网络，装了网络，祥妈一开始还能要求："写完功课，玩半小时，懂不懂？"阿祥点点头，乖乖写功课，妈妈和爸爸在楼下忙，脑海里浮现的是个乖巧懂事的孩子，乖乖坐在书桌前写字的模样。

可是，网络游戏太厉害，阿祥从半小时的游戏时间自动升级成一小时、二小时、三小时，最后是父母

工作有多久,他就玩多久,玩不过瘾,半夜三更他也会自己爬起来接着玩。

祥爸很气,忙了一整天的男人,脸色会有多好看,念他骂他都没用:"三魂七魄好像被鬼拖了去。"他那恨铁不成钢的心情,大家都能理解。

事情,倒是因为孩子离家出走,有了意外的发展。

邻人帮忙给意见,祥爸也愿意重视这问题:计算机搬到一楼来,这样大人、小孩都能兼顾;肉圆店也常贴出红色公休单,拉下铁门,全家出游去。

"趁现在还有机会,全家人多点时间相处。"祥妈自豪地说,"我们出门,连手机都不带。"

"阿祥肯吗?"我们问。

"奶奶说的话,他还愿意听,"祥妈笑着说,"而且,多出门几次,也就习惯了。"

第五章 善用电子产品增进孩子的能力

教养也能这样做

　　钱什么时候都能赚,孩子的成长却只有弥足珍贵的一次。

　　我们谢谢孩子陪我们走过人生旅程里的一段,更该好好珍惜这缘分。关掉手机关掉计算机,把孩子现在的笑容记起来,留着他日好好回忆:孩子终究要长大的,在他们成长阶段,别只是用计算机去陪伴他。

开除电子产品保姆吧

前几天和朋友相聚,大家都带孩子出门,多年不见,大人忙着聊天,孩子彼此不熟,玩不开。餐厅虽然有简单的游乐器材,却不太适合学龄前的孩子。

这时候,就可以看出妈妈们的功力了。一号妈妈什么都没准备,两个小女生坐在旁边发呆,呆呆地望着我们聊天,呆呆地挖鼻孔,呆呆地互相看一看,什么事也不做。

二号妈妈家有两个小男生,他们更坐不住,五分钟不到,打起来了。二号妈妈很干脆,先把小男生各骂一顿后,掏出神兵利器:一人塞一部手机。孩子有了它,立刻不吵不闹,我们聊多久,两个孩子就玩多久。

三号妈妈有个大包包,我们聊天时,她从包包里掏出故事书,一个孩子一本书,小朋友各自埋首在书的世界里;书看腻了,三号妈妈的包包里头有蜡笔,餐巾纸翻过来，两个孩子立刻画起来，画完了带回家，就是一幅作品。

更神奇的是，包包里头还有几盒桌游。桌游取出来，呆呆坐的小女孩也围过来了，三号妈妈的孩子应该常玩这些桌游，所以解释规则的口齿很清晰，主持游戏进行得很流畅，自然变成小领导，带着孩子们一起玩。

可惜的是，沉迷在手机里的孩子，始终陷在他们自己的世界里，其他孩子的笑声再大，他们依然无动于衷。

三号妈妈的包包是神奇的魔法包，她在精心打扮出外的仪态时，应该也花了心思想过：今天可能出门多久，孩子可能需要做哪些活动。她应该也和孩子沟通讨论过：你想带什么书去看？你想带什么游戏去玩？

带孩子出门，其实也能很优雅，只要家长事先做了准备；即使没准备，也别怕小朋友无聊发呆，因为无聊发呆也能找到乐趣的。

最怕的是，出门前什么都没计划，把一切丢给手机、平板"托婴"。今天你让他在餐厅玩，他很快就会要求在车上也玩，在家里也玩。

教养也能这样做

让孩子在餐厅玩电子产品，丧失味蕾练习的机会；在车上玩电子产品，体察不到风景万千的变化；当孩子在家里也沉迷在电子产品世界里，亲子关系也就不再紧密了。

以前我们总觉得电视是洪水猛兽，现在如果没有万全准备，轻易把手机、平板的闸门打开，涌进来的，将是疏离的亲子关系。

当你准备把手机、平板交给孩子前，真的想好了吗？

一直赖一直赖

叮咚叮咚，晚餐时我的手机响不停，是曹妈。

手机 LINE 里的讯息像炸药："老师，我家女儿回来就一直哭一直哭，说她被霸凌了。"

霸凌是大事，我劝她不要急，明天到校立刻处理。然而我想说的话还没打完，群组里的家长们已经加入讨论："老师，太可怕了吧，谁这么大胆？"

更多家长透过 LINE 告诉我："老师，你一定要处理，如果放任下去……"后头的话不必她们提醒，我心里有数，以现在网络讯息流通之快，处理不当，我很快就会直攻报纸头版。

应该怎么办？我脑里想法如乱马奔腾，是找双方家长来，还是先听一方说法？问的口气要怎样，如果孩子不说实话呢？想了又想，干脆爬起来，写张备忘录，免得事情越处理越糟。

第二天一早,打开手机,我们班的家长群组竟然讨论到深夜,凌晨最后一则讯息是曹妈,有人提到要不要来学校抗议,更热心的家长已经把转学、转班的好坏分析都条列出来……

不过,一直没看到被指控小朋友家长的反应,这是风雨前的宁静吗?

到了学校,我把孩子找过来:指控的孩子说是对方在脸书里骂他,叫大家不要跟他玩,他说到这里,泪如雨下,哎呀,果然像是网络霸凌了;被指控的孩子也很生气,说是指控他的孩子借了东西都不还,已经跟他提过很多次,但是他就一直赖一直赖,他才会贴出那篇文。

事情水落石出,指控的孩子答应,他会把玩具车带来还,被指控的孩子道了歉,最后两人握手言和,没事了。

我以为没事了,回家看 LINE,哇,家长群组里好精彩，有人链接一堆教养文章，教大家如果老师不处理霸凌，要如何"家长当自强"、怎样让孩子不被排挤云云。

叮咚叮咚，手机还在响，讯息实在太多又太快，大家扮起网络柯南，连被指控孩子的家庭生活都遭起底了，我赶快把事情处理结果跟大家报告，也请家长多注意孩子网络使用礼仪。

信息流通很快，稍一不慎我们都可能被几句话给导到错误的方向，想当年家庭访问还流行，人与人面对面，讲起话来总还留有余地，稍带情面；现在三言两语赖来赖去，略有字面犹豫就立刻带来负面情绪。

关上手机时，突然有点怀念起班上孩子带着我，翻山越岭一起去找家长的遥远年代……

教养也能这样做

　　我们真的生活在一个越来越可怕的监控年代,手机随时可以录音录像,行车记录器一开动就马上记录,更不用提家里、学校与路口的监视镜头。

　　大家都知道,要马上留下证据,最好把自己受到的不公的事传给报社,然而在酸文、讨拍文盛行的今天,有时候失去了当年那种温柔敦厚的社会风气。或许是我想太多,但你真的觉得这样群起而攻之的文化,酸言酸语、冷嘲热讽的群体氛围,会比较快乐吗?

　　换个角度想,如果你是当事人呢?

在网络上种咖啡

　　小真住在东部的海岸山脉上,家里种咖啡,被太平洋海风吹拂过的咖啡,带着广阔自由的气息。我知道小真,是因为我看了她的网站,透过网络认识她。

　　她只有五年级,却懂得帮爸爸、妈妈架网站,问她怎么会的。她说,看网络学的呀。小真家没有我们认知的那种笔电或桌机,有的就只是一台平价的平板(还是订报纸送的),透过小区热点,她在网络上种咖啡,把香气传送到网际世界。

　　她会弹乌克丽丽,因为网络影片有现成的老师,刚入门的阶段,不必拜师学艺,凭着原住民的好音感,她能弹上好多曲子。小真爸的烘焙技术更厉害,一切都是上网查的,小真还协助他,不懂的地方直接写信去给台北或巴西的朋友。

　　巴西?

巴西和海岸山脉相隔几千里,我很难联结在一起。

小真说:"就是在网络认识的朋友嘛。"她信里说得理所当然,如果不是我恰好也认识她,实在很难想象,这个羞涩的原住民女孩会有巴西的朋友。

但是,我也认识一位天兵。

天兵读初二那年,班上举办野炊,地点在河边。天兵很迷糊地忘了时间,醒来已过集合时间,他匆匆骑着脚踏车赶去,不巧,单车前轮碾过一颗小石头,那又是一个下坡,结果,他就在大家面前,连人带车滚三圈,扑通一声,掉进冰凉的河水。

拜手机便利之赐,落水那一幕,被同学拍到,PO上网,一千多个人点赞,天兵红了。

俗话说,红了就是红了,不管是好是坏。那阵子,天兵走在校园好风光。学校的女孩见了他总是掩着嘴浅笑,从没见过面的人也会跑来跟他讲讲话,天兵兴奋呀，从没这么出风头。那一阵子，他只觉得自己走路仿佛有风，喊水说不定都能结冻。

不过，红得快，去得也快，一年级有个小学妹，她那只大眼猫咪的萌照，很快就让大家忘了他。校园的话题从"落水的呆瓜"，转到了"我也好想养只大眼猫"。天兵被打回原形，他仍是一名标准天兵，上课被老师念，下课被同学取笑："哈，就是个笨蛋嘛。"

天兵外形像天兵，但是他的内心，却从此激起了浪花，他想红。

他能怎么做呢？他申请了脸书，瞒着妈妈把手机拿出来，无时无刻不在想办法，想贴个什么东西让大家注意他。

天兵想的方法实在太过愚蠢，不宜把它写出来，想参考的人，请热搜最白目的网络成名法即可找到一拖拉库点子。

最后的结局总要写的——在天兵试过许多蠢方法

却得不到几个赞赏后,他终于采用终极的蠢点子:趁午休,在全班同学睡着之际,拿着一大把冲天炮,同时朝黑板发射……

炮声吓醒同学,烟雾吵醒防火器,震天的铃声响起,训导处紧急广播,小镇消防车喔咿喔咿赶来……

天兵的手机是最好的证据,他还来不及 PO 上网,就先被带进辅导室。

像天兵这样的人,过去有,未来只会更多。网络和电视新闻二十四小时播放,时时在诱惑想博君一"赞"的人们。怎么办?目前学校还没上这堂课,但我们还是可以做点什么,把它们拿来跟孩子讨论一下,正确的价值判断让人采取正确的行为;而想要有这样的判断能力,多和孩子讨论是不二法门。

网络与计算机正在缩短我们的城乡差距,计算机和手机越来越便宜,上了网,住在合欢山与澎湖的朋友,照样能透过计算机看到北美馆的展览、百老汇的歌剧。

第五章　善用电子产品增进孩子的能力

如果父母只把网络当成安亲班，拿来给孩子打发无聊、当作不要吵闹的利器，那么，再好的网络资源，对小孩来说永远都只是打怪园地。

真正的数字落差来自我们看待数字电子产品的态度与做法，只把它当成玩乐它就只能打发时间、帮你照顾小孩（也减弱孩子视力）；如果大人都戒不掉对电子产品的依赖，更何况无自律能力的小孩们。

透过网络，渐渐拉近城乡间的落差，但学习的态度不对，那才是真正的差距——无分城市与乡村。

▌和孩子一起遵守的电子产品守则▐

① 能越晚给孩子电子产品就越晚给,没什么大不了。

② 现代的孩子出生就有计算机基因,别担心他们输在起跑点,不会。

③ 孩子喊无聊时,太棒了,给他书和画笔,用想象力去打发时间。

④ 当你向电子产品投降时,约法三章,订出使用电子产品的时间与场所。

⑤ 孩子实在太会吵了,那么,宁可他在家玩计算机,也不要让他去网吧。

⑥ 在孩子面前做好身教,聚会不拿出手机,亲子时间不开计算机。

⑦ 电子产品是工具,教孩子如何驾驭它,而不是被它控制。

· 第六章 ·

陪伴是最好的教养

爱他现在的样子

曾老师检查作业时，不带橡皮擦。真的，她很少叫小朋友把写好的字擦掉，虽然，她们班男生写的字真的很丑，然而除非是错字，否则她不擦。有家长跟她说："我儿子写得像鬼画符，老师，你应该叫他擦掉重写。"

曾老师摇摇头："他愿意一笔一笔好好写，就很不简单了，而且，丑也丑得很可爱；况且，有些人就是写不出漂亮的字，只要能表达自己想写的事，那也很好呀！"

这些话，让某些家长觉得不可思议，说是："这个欧巴桑老师真奇怪，团仔的字那么丑却不管。"

事实是——那一班孩子是全校最让人头痛的班。那一班，学校没有老师敢接，个个"生毛带角"，男的爱打架，女的常吵架，不好惹。五年级之前，气哭

了三个女老师，五年级之后，老师换了两位。

曾老师临危受命，大家替她担心，她却说试试看。

第一个礼拜，平安度过；第二个礼拜，没有大事发生。她带了几周后，连校长都觉得奇怪，头痛班好像不头痛了。

然后，小朋友受伤，带着伤口找她"秀秀"；小朋友受委屈了，红着眼眶跟她说。我们看她处理的情形，她静静地听，听完看着孩子问："真的，你一定很生气哦？"

就这么一句话，最高最壮的阿汉，那个往常逞凶斗狠不输人的阿汉，低着头，点点头，面纸哭湿三张。

上回阿汉翻墙逃课，主任把他叫到办公室骂，那声音，连操场散步的阿婆都听得到，阿汉却站得直挺挺的，甚至还面带微笑。

而曾老师只是一句，你一定很生气哦，竟有这大的魔力。

问她怎么收服这群孩子的，她说："我们班的孩子，家里什么都不缺，就缺个人爱他们，我就做这样的老师就够了。"

"可是他们常常闯祸……"

"没有先爱他们现在的样子，他们就不可能变成好的样子。"她这么说。

这群孩子毕业时，二十几个孩子围着她，搂着她哭，那样子不像师生，像母子。她用最大的爱，爱孩子现在的样子，孩子们，就渐渐变成好的样子；字丑了，没关系，只要愿意好好写，总会越来越好；行为差了，只要愿意改，总会慢慢变好，神奇却简单。

教养也能这样做

没有先爱他们现在的样子,他们就不可能变成好的样子。曾老师带班真的很有一套,一位带过那么多孩子的老师,用的方法却是这么简单——爱孩子。

《圣经》里说:恨能挑起争端,爱能遮掩一切过错。我们全心全意爱孩子,就能喜欢他们现在的样子;因为爱他现在的样子,他就能变成更好的样子。

天哪！我们家有A片

难以启齿，却不得不问："你……有没有……嗯……看了不该看的那种……"

布丁妹一头雾水："老师，到底是什么？"

"嗯，就是那种很不好，有男生有女生亲亲，然后……"

"你是说变态片哦？"

我说的是A片。

学校主任这几天发现，布丁哥哥上课无精打采，望着她的眼神好奇怪。说来难以想象，我们主任身材犹如长平公主，从不穿低胸礼服和裙子，布丁哥哥应该不会……

"反正他很怪，你们男老师去问问嘛！"

所以，我奉命面对一脸正经的布丁妹："你和哥哥都有看……"

她点点头:"不好看!"

还没动用"清朝十大酷刑",她全招了,想想也是,小五的女生,看那种画面应该会立刻尖叫。

"所以,你们立刻关掉电视?"

她说:"哥哥不想关掉。"

"那你?"

"就看完了呀。"

"你不是说不好看?"

"对啊,但是我想看哪里不好看呀。"

说得有道理,但是:"那些片子演来演去不是都差不多?"

布丁妹很老练地解释:"还是有一点点不一样呀,有些是护士,有些是老师……"

"爸爸、妈妈都不知道?"

"他们也在看呀。"布丁妹一脸理所当然的样子。

"全家一起看?"我快崩溃了。

"我们房间有一个窗户，可以从那里看到客厅的电视机。"

我想象，一家四口和乐融融，不，是春光无……天哪，天哪，天哪！我立刻联络布丁妈："你女儿和儿子，都在看……那种片子。"虽然看不到对方的脸孔，但我依然脸红。

"夭寿哦，都是我先生啦！片子不收好，我立刻……"

"下回要注意。"我叮咛，想想好像讲错了，"不，是小孩还小，身心别受污染……"事件就此落幕，家长真是明理好沟通。

过了几天，我找到机会问布丁妹："现在回家都没看那种片了吧？"

布丁妹笑："偶尔啦。"

"爸爸没收好？"

"有啊，但是我爸藏的地方，我哥哥都知道，爸

妈不在家时,哥哥就找出来看。"

天哪,天哪,我这篇文章怎么都成了天哪,我立刻想到,我家到底有没有那种片?还有还有,如果有,我的女儿知不知道?

教养也能这样做

虽然说,陪伴是最好的教养,但如果陪伴的方式错了,那情形真的会很尴尬。

青春期的孩子,需要大人更多的关注。我们也曾走过"成长"这条路,如果有个大人肯陪孩子讨论,那他就会在成长这条路上,走得更平稳。

你不能帮忙带小孩吗

小朱回家时,心里很闷,这一天没一件好事:他的业绩差一点才能达标;谈妥的客户临时反悔,打电话来说要再考虑考虑;拜访顾客时被开了一张违规停车……

回到家,小朱只想打开电视,瘫在沙发当一颗马铃薯。偏偏家里乱成一团,两个男孩把客厅当成运动场,大吼大叫。厨房里,太太忙得不可开交,她一边拿锅铲,一边骂小孩,对了,还骂他:"你没看到我在忙,你不能帮忙带小孩吗?"

小朱憋了一天的气,终于爆发成一句:"吵吵吵,吵死了!"

他吼得太大声了,玻璃杯震了一下。屋子里真的安静了,不,是过分安静了。两个男孩怯怯地溜回房里,太太终于可以好好做菜。小朱拿起遥控器,想看电视,

却没了兴致："算了，出去走走。"

他经过孩子的房间，两个孩子一个窝在墙角，一个躺在床上，他回头看看自己的家：家里房子这么小，孩子的精力没地方消耗，难怪那么爱吵。

他问两个孩子："你们自己的事都做好了吗？"

"今天星期三，读半天，我很早就把功课写好了。"老大说。

"我还看完一本书。"老二说。

小朱点点头："想不想出去走走？"

两个孩子跳起来，老大问："可以戴手套吗？"

"当然可以。"

他带着孩子来到小公园，父子三人传球、接球，玩到太阳下山，太太来催他们回去吃饭时，已经满身大汗了。

回家时，两个孩子拉着他的手，沿路咯咯咯地笑。

"下次可以再来玩球吗？"老二问。

小朱点点头："只要你们把自己的事做完，我们就来玩球。"

那后来，只要小朱能早点回家，他就会跟孩子们出门，有时玩球，有时逛逛街，有时搭一、两站公交车去走走。

孩子长得很快，上了高年级就没空和他玩了，然后是功课更重的初中，开始要外宿的高中……

有时，他会回想还好当年曾陪孩子这一小段时光，想起来，很甜蜜。更甜蜜的是，有一次他看到老二的周记，里头有这么几句："小时候，我们最爱跟爸爸出门玩，那不是星期天，而是平常的日子……"

幸福不远，一直在自己身边，他庆幸有那么一段陪孩子长大的回忆。

这样的爸爸，我还遇过另一位。

那次，我们学校小朋友办画展，跟镇公所借的场地，画展最后一天，空空荡荡的会场，离撤展只剩两小时，

来了一对年轻父子。

年轻爸爸把握最后时刻,轻声跟孩子解说,这画里有什么技巧,画家想要表达什么,爸爸解说的声音细细的,孩子的笑声浅浅的。撤展时间到,年轻父子也不忙着走,卷起袖子帮我们。垃圾要分类,地上要打扫,办一次画展,竟然可以产生这么多垃圾。我们相视一笑,擦擦汗,继续做。

年轻爸爸的手法熟练,和孩子把纸类、宝特瓶和铁铝罐全分得井然有序,打成几大包。

"需要我帮你们载去丢吗?"年轻爸爸问。

"不好意思啦。"我说,素昧平生的。

"没关系,我有小货车。"

小朋友也在旁边补充:"叔叔,我们常常载啦。"

这时我突然明白,原来这对父子是来捡回收的,好奇的是,捡回收还先来看画展。没想到,隔两天需要买个东西,突然在一家小店遇到那爸爸。"你是老板……"

他笑着点点头,我又多了个疑问,是生意不好,捡回收来贴补?

年轻爸爸笑着解释:"看画展是真的,捡了回收去资源站也是真的,目的是让我家小朋友学着珍惜资源,做点公益。"原来他们捡的回收品,全送给街尾的婆婆,婆婆一个人住,靠捡回收过日子,年轻爸爸听到哪里有办活动,都会开车帮婆婆载。

"没钱就出力。"年轻爸爸的结尾,"也让小朋友学着点。"

这样的人,还真不少。上周末去一间小学演讲,演讲时,来了十几辆车,下来的都是年轻父母,他们带着孩子和书柜,说是事先问过主任,知道教室缺书柜。

父母在装书柜时,孩子们就在旁边帮忙清扫、擦拭,一个小小孩告诉我:"不能让小朋友脏脏的。"他的意思我懂,不能让小朋友第二天来上课时,发现地上

或书柜脏脏的。那句话大概是妈妈教他的，但是他自己也是小朋友，从他口中说出来，更让人觉得了不起。

那些年轻父母，都不是什么大老板，有的是厨师，有的是小商店老板，有的是会计、工程师，几个朋友约一约，带着孩子，利用假日做公益。这么简单，就把善的种子，种进孩子心田。

陪伴是最好的教养，你我都做得到。

教养也能这样做

小朋友成长得很快,一眨眼就长大了,想懊悔,想追溯,对不起,通通来不及,事后想弥补,门儿都没有。

所以,如果你的孩子还小,恭喜你,看完这段文字,多陪陪他吧!现在种下的亲子善念,都将在他长大后,成为牢不可破的亲子关系。

这口气我咽不下

曾爸今天有高人一等的骄傲感。

那是大考第一天,他站在自己孩子休息室外,像个评审似的看了看:这里原来应该是间实验室,但是宽大明亮,屋外有大樟树,吊扇也多,很好。

曾爸交代孩子:"你该进去准备了,准时进考场,别慌别乱,知道吗?"

孩子点点头,进去了。曾爸看看手表,离上班时间还早,还有空逛逛考场。

来考试的孩子挤满了考场,多数人都只能窝在大礼堂休息,空间虽大,但人多嘈杂,像菜市场。许多孩子移向室外,这里一群,那里一群,嘻嘻哈哈,不像来考试,倒像是来野餐的。

"这像话吗?这像话吗?"曾爸忧国忧民的情操油然而生,"我们的下一代呀……"

他想到这儿时,眼光不由得去看看自家孩子的休息区,那里安安静静的:"这才是读书的孩子呀。"于是,他骄傲了,觉得自己孩子真给他露脸争气,不像那些不读书的小孩……

不幸的是,几个孩子闪过他,钻进一间紧闭的教室。大热天的,不开窗?曾爸探头一看,里头也有不少学生,是间小型会议室,有皮质的沙发,有沁凉的冷气空调。

曾爸忍不住好奇,问了个应考的学生,孩子说是学校安排的,是重点班的学生才有资格在那里读书:"我们老师和校长亲自来坐镇,怕我们分心。"

"太过分了吧,怎么会有这种差别待遇呢?大家都是应考的学子……"

曾爸的怒火一下子就发作了,他愤愤不平地冲进考务中心,"谁,谁给我交代一下,为什么那一班的孩子休息时有冷气吹,为什么我的孩子……"

"全校只有一间冷气会议室,给谁都不公平。"

考务中心的主任跟他解释,"早早就发出公告,请各校有需求的自己来申请。"

说来说去,都怪孩子学校动作太慢,他飞奔回自己孩子的休息室,非得找到老师问个清楚不可。这临场几分钟,事关小孩一辈子:"为什么会这样,你们做老师的怎么没提早申请呢?今天不解决,我立刻去找电视台投诉。"

旁人劝他冷静,他却吼着:"这口气,我咽不下。"

他吼的声音很大,操场上的孩子全都抬起头望着他……

教养也能这样做

遇事冷静的家长，培育出处变不惊的下一代；斤斤计较的爸妈，孩子说不定也爱钻牛角尖；暴躁易怒的父母，孩子可能被这样的急性子给熏陶了。

别忘了，你的一举一动，孩子都看在眼里，反应在行为举止上。

那么，开始修炼自己，就是为了教养孩子做准备呢。

楼上的小强样样比你强

公寓楼梯间，发生一件怪事。

小强的脚踏车，连着几天被人破坏。先是用刀子戳破了前后轮胎；隔两天座垫上发现立可白乱涂的痕迹；昨天齿轮上头出现了强力胶。楼梯间没有监视器，管理员查不出谁是破坏者，几个邻人扮起福尔摩斯，前前后后去查看……

大家看了一圈，觉得很奇怪。小强的脚踏车放在最里头，跟一整排单车比起来，他的不是名牌，造型也很普通，看起来针对性很强。

管理员指天立地地保证，他昼伏夜出，一定会抓到这个破坏者。

果然，今天一早，破坏者抓到了，是二年级的飞翔。飞翔的个子又瘦又小，被管理员像拎小鸡一样拎到了四楼："飞妈呀，你看这件事怎么办呀？这么小的孩子，竟然就去破坏楼下那辆车。"

飞妈本来不相信,但是飞翔被抓到时,正在拆单车的反光镜,手里紧抓的螺丝起子是证据。

"怎么会呢?怎么会呢?你怎么去破坏楼上小强的车呀?人家小强又乖又听话,他哪里惹到你了呀?"

飞妈说的也没错,小强和飞翔虽然都是二年级,读同一间学校,但是不同班,而且两个人一个住楼上,一个住楼下,平时也没有玩在一起,为什么要去破坏人家的车?

"我常常跟我们家飞翔讲,你要学学人家楼上的小强,人家小强的功课每一科都很好,听说都是班上前三名,我们飞翔整天只知道玩。人家楼上的小强,放了学就回家写功课,从来不用人家妈妈担心,不像我们家飞翔……"

飞翔站在妈妈面前,头低低的,问他什么也不说。

飞妈摇着他的肩膀说:"儿子呀,妈妈就你这么

一个儿子,你要学好呀,要学人家楼上的小强,人家上学也不必妈妈叫,自己六点半就起床,棉被都自己折,你怎么不学他的好,你怎么会变得这么坏?"

在飞妈声泪俱下的指责里,我们同时听明白,原来飞妈天天告诉飞翔,孩子呀,楼上的小强,他样样都比你强,你再怎么努力,妈妈都不会满意。原来,嫉妒的种子,是这么深深埋进这个二年级孩子的心里,最后造成这场可怕的破坏。

教养也能这样做

父母用比较法,希望孩子能因此振作,期待孩子能效法他人。然而激将法要慎用,一个不小心,说不定就在孩子心里埋进仇恨的种子。

最好的方法是让孩子和自己比,问问孩子今天学什么,认识了什么。和自己比,知道自己进步在哪里,不足在哪里,是一种精进的好方法。

教养就是不要怕麻烦

郑老师要带学生做饼干时,知道消息的老师都劝她:做饼干很麻烦,准备材料要花很多时间,小朋友在教室的秩序又难管,还要找烤箱、借量杯,对了,事后整理更是一场灾难。

结论是:"你何必自找麻烦?"

听了这么多好心的建议,郑老师却斩钉截铁地说:"不好意思,已经答应孩子了。"

于是,她们班多了这堂饼干课。郑老师班上的孩子兴奋极了,他们研究了好几种做饼干的方法,还分组带东西,找妈妈们来指导,做饼干那一个早上,厨房里时常传来她班的尖叫声。中午过后,我们都吃到郑老师班上小朋友亲手做出来的饼干。当然,因为是第一次,有些烤焦了,有些根本没有烤好,然而,那些孩子整天都好开心,个个都很有成就感。

第六章 陪伴是最好的教养

准备看笑话的老师再也没意见，这堂课，那些孩子们一定会记得很久很久。

教育不怕麻烦，会让孩子印象更深刻。现在孩子的户外教育比起当年，简单多了，一切有请旅行社规划，沿途还有大哥哥、大姐姐照顾很方便，玩遍三六九游乐园也很快乐；但是我们也设计过在学校露营，小朋友搭帐篷、煮晚餐、办晚会，样样自己来。孩子长大回来了，几乎都记得当年的露营晚会，谈起来，连当天多晚睡，和谁去夜游全都记得一清二楚呢。

露营当然比去游乐园麻烦，但因为有全程的生活体验，学得多，记得久。

教养也是这样的。我喜欢搭火车，尤其去东部的路上，从看到龟山岛开始，就进入与西部截然不同的风景线，一边山一边海，多美呀！小时候回外婆家，我总趴在窗户前，对着流逝的景色，百看不厌。

然而，前几天我搭火车去东部，坐我旁边的孩子大多时候都低着头，在玩手机；坐我前面的两个女孩

也是头低低的,她们操作平板,偶尔抬头的目的是为了自拍,拍完上传告诉大家她在火车上,然后继续与网上同学交谈。我不相信,走了几节车厢,看不到几个孩子在阅读、赏景或交谈,多的是低头看手机。

车厢里好安静,或许说,过分安静了点。

不知道他们回家后,会不会只记得打了几种游戏,却忘了窗外出现几朵白云?

以前父母忙,或许把孩子丢给电视管,所以有了电视儿童的称号,但电视无法带出门,至少出门会动手动脑体验大自然。

现代手机平板太方便,里头的游戏、社群会替你照顾孩子。要是没有电子产品呢,家长就得陪孩子准备一路要玩的桌游,要画的工具,要照相的相机,甚至全家要谈的话题。准备起来很麻烦,孩子却会因此收获丰富,记忆久久,比较起来,哪个能在孩子心里留下更多感动?

教养,真的不要怕麻烦。

教养也能这样做

怕孩子无所事事是父母的通病，丢个手机是最快的方法，但效果通常不太好；如果你知道孩子会沉迷其中，还是坚持要丢手机拿平板给他，我也只能佩服你的勇气与信心。

现代人流行去露营，露营当然很麻烦，但也许就是因为麻烦，小朋友事后回想起来，反而充满了深刻的回忆呢！真的不要怕麻烦，你会换来亲子间最永恒的回忆（记得，要把平板放家里，手机不要上网）。

球,不是他丢的

假日的校园空空荡荡,几个孩子抱着躲避球来玩。他们本来在操场,后来嫌热,就移到了中堂。中堂有穿衣镜,有公布栏,孩子们却自认艺高人胆大,躲避球照样杀进杀出,砰砰作响。

三分钟不到,小强一个高压球强袭,阿明和小仁闪过,阿祥接不住,哐啷一声,穿衣镜被砸破了。不幸中的大幸是,没有一个孩子受伤。

或许知道闯了祸,他们找来扫把,清理完现场才回去。

以上,是我们分头询问小朋友,依线索拼回真相的结果,孩子们都承认错误,知道自己应该承担后果。

在学校看来,没人受伤是最重要的事,安全教育是要加强的课题,赔偿那面镜子应该是最枝微末节的事。

分头联络家长,告知他们学校的做法,然后提及了赔偿问题。其实真的也不多,平均一个孩子负担两百多块钱。照学校的想法,这些钱给孩子一点警惕,最好从孩子零用钱里扣,让他们记住安全第一……

小仁的阿嬷第一个反对,她冲来学校:"我问过小仁,那颗球不是小仁丢的,他应该不必赔。"

原来阿嬷在意的是钱的问题。

"可是,小仁也有跟大家一起玩啊。"主任解释,"镜子两千多块,学校帮忙付一半,另一半让小朋友做机会教育,每个人……"

"球又不是我家孙子丢的。"

小仁的阿嬷翻来覆去就是这句话,她说话时,阿明的爸爸也来了。阿明的爸爸很少来学校,一整个粗犷汉子的味道。阿明也在场内玩,他也没丢球,难不成,明爸也是来兴师……

"老苏,抱歉啦,小孩子做错事,该处罚,谢谢你们跟我说,我也跟他说下次玩游戏要注意安全,那面镜子我帮忙载去换。"

哇,明爸的话,意外成了救兵,解了主任的围。

"不不不,说好了,几个小朋友一起负担。"主任连忙说。

"我有卡车,载去换比较方便,学校不必麻烦别人,请主任把孩子叫出来,帮我抬去车上,应该很快就可以换好了。啊,钱当然是让这些小朋友自己付。"

那五个孩子把镜子抬到车上时,仁嬷紧跟在后头,她一路讷讷地想说什么,又说不出什么,好像这件事情,受到机会教育的人不是小仁,而是她。

良好教养的七个小方法

① 别让电视和手游教坏小孩，无法关掉电子产品，至少要慎选电子产品。

② 好习惯就有好命运，从小培养孩子良好的生活习惯。

③ 欣赏孩子的长处，尽量少拿他的缺点和别人比，古有名训：人比人气死人。

④ 三岁不会定终身，教育有无限的可能。

⑤ 父母的完美主义，会让孩子更忧郁，容许孩子做自己，亲子更和乐。

⑥ 带孩子一起去做公益，体会分享与互助，胜过念他一百句。

⑦ 父母越少伸手帮忙，孩子就越快学会自理；有懒惰的妈，才有勤劳的孩子。

第七章

孩子有从书上学习的能力

不想上课的去后面睡

纪老师是一名初中教师，教的是数学。从他当老师那年起，有研习有演讲，他千里不觉远，牺牲假日也要去观摩学习。

在纪老师还被称作小纪的年代，被他教到的孩子很幸福，学生们口耳相传，都说小纪老师的教学活泼有趣，没被他教到，万中这三年等于白来了。

现实的冷水，在接连二年的升学考中泼下来，虽然孩子们学得很有兴趣，得到很多启发……但是，跟最后升学成绩一比较，他们班的成绩在各班垫后的事实，让小纪不得不修正自己的教学模式。

怎么修正呢？

小纪开始安排大量的考试，从早自修一直到晚自习，从礼拜一到礼拜天。他授课时的笑话少了，故事免了，因为他知道，那些考试不会考，他既然

是好老师,就要把精力放在对孩子最好的地方(他其实是怀疑的)。

"这种题型一定考。"

"去年,前年,大前年,它都曾经出现过,记下来。"

他上课开始把上述句子当成口头禅,他用同样的热情去灌注这群为了考试而读书的孩子,他的孩子们也就在升学考里,回报以更好的成绩。

小纪变成中年纪老师后,真的成了万中的名师。家长们纷纷指名要把孩子送给他教。

他教过的孩子形形色色,教法却只剩下一种:讲解例题,发下考卷,然后考试,考试,再考试。

直到有一年,教育改革的浪潮袭来,让小纪,不,是中年的纪老师好开心,他内心还是有热情,终于盼到了改变契机。

他重拾当年热情,参加各项革新,什么九年一贯,什么本位课程，基测实施了，多元入学展开了，每一个改革都是轰轰烈烈，直到学生毕业时，依然是成绩最重要，还是强调考试最优先。纪老师回到教室，照样要发考卷、划重点。

最近，赶在纪老师退休前，又来了一波号称免试的十二年教育。

万中有几位年轻热血的老师，在校内组起了读书会，展开热烈的讨论，要怎么用学习、用教学来支持这样的教育翻转。

"纪老师，你参加吗？"

纪老师一头白发摇了摇，他抱起桌上的考卷，蹒跚地步出办公室，下一节还得考试呢。

我们僵化的教育制度，让许多老师以不变应万变。

那孩子呢？

还在成长阶段，带着热情与热血踏进教育现场，

结果……

我有个学生叫作阿仁,他小时候待人有礼,是个充满自信的孩子,我们都预期他升上初中后,成绩应该也不会太差。

有一次他回母校玩,问他学习怎么样。

"大部分都不好。"阿仁有点不好意思。

"不好是多不好?"

"都不及格呀!"阿仁低下了头。

阿仁说他们班上的学习风气差,同学打架、抽烟和睡觉是常事,不时还有人跟老师"大小声",一副很不正常的"常态分班"状态,所以他们的班主任一个学期换两次,目前这位老师还提出警告:"我心脏无力,如果不想让救护车进学校,你们就别让我生气。"

老师说得如此严重,我们听得心惊胆跳,以前有部电影叫《逃学威龙》,那时还想电影太夸张,哪有这种学校,但没想到,我们教改改了这么久,《逃学威龙》的剧情,偏偏就在阿仁他们班级上演。

"我们班没救了,每个来教我们的老师都这么说。"阿仁还补了一句,"有的老师更干脆,直接告诉我们,要上课的坐前面,不想上课的去后面睡!"

我很好奇:"结果咧?"

"结果大家嘛都站起来,前面只剩下两个同学。"

"那你……"

他红着脸,点了点头,原来这孩子已经习惯"输",眼看大家都不读,他也随波逐流,一整个班级是这样的气氛,难怪老师教到心脏无力。

幸好阿仁有个好妈妈,她把兼职停了,阿仁每天放学回家,她亲自伴读:"一科一科读呀,他的成绩已经是谷底了,还能差到哪里去?"

在妈妈陪读下,阿仁的课业渐有起色,因祸得

　　福的是——他在这个"常态分班"里,没花多少心力就轻轻松松挤进前十名。

　　成功的滋味很甜美,阿仁这一赢就停不下来,他从第十名往上爬,每次期考都像在玩一场大型电玩比赛,考完妈妈和他一起检讨,什么地方再加强,什么地方要找人请教。

　　读着读着,我们仿佛又见到当年那个充满自信的孩子了呢。

教养也能这样做

我们常听人说：成绩不是一切，功课不是全部。但是，若让孩子在读书阶段，就不断尝到失败与输的滋味，未来他得花多少心血才能找回自信。

教育学上，有个"习得无助"的实验。把一只狗放进实验场里，这条狗无论怎么努力，都无法逃避被电击，久而久之，它就放弃了尝试。最后，实验者即使改变环境，它只要跳过一道矮栅栏就能逃出生门，它也不会去试——因为，它已经认为自己是个彻底的失败者了。

书读不好，没关系，但不能在求学阶段养成输的习惯。我佩服仁妈，发现孩子的问题，勇敢面对，愿意陪着孩子启动赢的方程式。

布查的课外书

布查的妈妈来自南亚岛国。布妈妈勤劳又认真,每天天一亮就赶着上工赚钱。

"不赚钱拿什么养布查?"布妈妈如是说。

记得小布查刚读一年级时,下了课却老是没人来接,打给布妈妈,她在电话那头说着忘了忘了,马上到马上到,然后布查就和老师坐在办公室前,一个小时盼过一个小时……

布查这孩子有晕车的毛病,这年头,坐十分钟车可以晕一天的还真不多见,但布查就是,我想原因大概是爸爸很少带他出门玩。他对自己也没有信心,想是家里只有一个小孩,爸爸、妈妈又整天在工作,缺乏说话的同伴,语言发展似乎也有那么一点困难。

和布查说话时,他不会看着你,眼神四处飘移;要他上课发言,他习惯性地把头转到一边,结结巴巴的,等了老半天，他才答那么一两句话。

今天早上，班上的小朋友要练习即席演讲，每人准备三十分钟，然后上台讲四分钟。班上孩子没练过，所以都吓得埋头苦练，喃喃自语有之，比手画脚有之。

我最看好的是聪慧，她的语文程度好，没问题，没想到她只讲了两分钟就败下阵来；平时机灵的小光头，一篇九族游记讲得零零落落，让我担心得额头冒汗……

正以为全班就这样了，轮到布查，他是最后一号。

布查开头讲起日月潭，说是他爸爸有辆红色厢型车，有次心血来潮（这孩子会用成语呀），车往潭去，路边有雾，雾像一个个白色的小人儿（他还会用儿化韵），把他们团团围住，不让他们前进，但布爸爸猛一加油门，车子瞬间钻出雾区，云散日清，扑面而来的是日月潭那一幅山明水秀、红日当空的景象……

惊艳不足以形容当下，结束后已是吃饭时间，孩

子们都走了。我问他,平时在家做什么休闲活动。

他说没有,就看书,他这学期是全校阅读量的第一名,已看了上百本书,而他的书包里,有一本翻得破破烂烂的作文模板……

我可以想象布查在家的情况:家里只有一个小孩,没人陪他玩,同学住在几里外。妈妈忙着赚钱,爸爸不常回来,他只能看学校借回去的书,书看完了,就读作文模板,那是他唯一拥有的课外读物。

虽然没信心,终究胸中积累了一定的墨水。

阅读的功效,在这瞬间,亮了起来。

教养也能这样做

父母没空陪孩子怎么办？书是最好的保姆。

布查的父母没空陪他，庆幸的是他们家也没有网络线，布查没事就翻他那唯一一本课外读物，不知不觉读了好多好文章。

无聊能创造大惊奇，何必担心孩子无聊。

白鹅教养学

镇郊一家养鹅场,是朋友家的。他家老大的个性"烈",还没上学,街头巷尾的人都知道:这孩子"活骨",坐不住,破坏人家花盆,打哭人家孩子,砸破人家的窗户。邻居一个个来投诉,孩子爸爸一听,二话不说,该赔钱的赔钱,该帮人家修理的修理,该赔罪的拉着孩子去鞠躬道歉。

回家后,他不打不骂,带孩子看鹅去。对,就只是看鹅。两父子坐在鹅池边,一待一整天,孩子坐不住了,追鹅跑(大多时候被鹅追),帮爸爸喂饲料,陪爸爸剁草找蚯蚓修篱笆,鹅池有多少工作,他就做多少工作。上了学,孩子不爱读书,考卷发下来,大多红字。老师来家访,叹着气来,叹着气走,觉得这爸爸怎么火气全无,听完也不冒火,孩子长大怎么得了?

第七章 孩子有从书上学习的能力

其实还是有火气的,老师投诉完,爸爸带着孩子看鹅去。周休二日,那就看两天的鹅,孩子在鹅池跑跑跳跳,比待在课堂快乐。

老二有不同的个性,文静好阅读,成天坐在书桌边写功课、看课外读物,功课好得不得了,拿全校第一是常事,朋友却也不放心上。家里的墙上不见一张奖状,问他收哪儿了,他说不知道,反正不是很重要。我要他多注意老二,太静了。

"变成宅男怎么办呢?"

朋友一听有道理,从此鹅池边又多了个孩子,哥哥四处跑,弟弟坐鹅亭里写字、看书,偶尔陪爸爸下池照顾鹅。对了,鹅亭是爸爸和哥哥的手艺,盖好给弟弟用的,说是怕他被太阳晒花眼睛。亭里一颗大石头,挖鹅池时找到的,恰好成了老二看书时的座椅。

神奇的是,老大青春期叛逆,虽然不爱读书,但是放学就往鹅池跑,照顾白鹅的手法比爸爸还专业。

　　老二读书一直很顺利,我们烤肉、聊天、打球时,他在一旁静静地看书,偶尔跟老大打打球,回头,继续沉浸在自己的世界。

　　"两个孩子两款性,你怎么教的?"另个朋友问。

　　朋友说自己只会养鹅,哪有什么教法,就只是看看鹅,看着看着,就长大了嘛。

教养也能这样做

　　因为了解孩子，才能接纳孩子，让他们顺着本性去发展。

　　天下不是只有读书这件事，能做的事很多，是我们做家长的把它看窄了。

　　职业本无贵贱，偏偏有个升学考试在前头，逼得多少父子成仇？看清事情本质，你会更笃定，做医生也好，养鹅也罢，都很重要。

别让他累死在终点

第一次期考完,阿龙告诉我:"妈妈说她下午要来。"

那天是周三,放了学,龙妈手里……嗯,手里有根拐杖。她一坐下来,摊开阿龙的考卷:"语文这题的叙述有点模糊,我们阿龙才会写错,不然就一百了。"

"我看哪……"我看不出那题有什么不对劲。她继续问,"还有,数学是阿龙的强项,他却只考九十八,老师,你是不是这里没帮他们复习到?"

"复习?这是小朋友自己……"她不让我把话讲完,"人家蔡老师那班,全班数学平均九十六,你们班还差两分,老师,数学厚……"

她的结论是,我的数学上太慢,复习考不够多,对孩子不够凶,否则他们家阿龙应该科科一百分。

"可是他才小三。"

"对，就是小三才重要，老师，不能让小朋友输在起跑点，小三是最关键的时刻，麻烦您了。"她把拐杖交给我，我仔细一看，不是拐杖，是藤条。

"囝仔若不乖，您用力打没关系。"这是传说中，家长会送老师用的藤条，不过，这年代不能打小孩，我谢谢她的好意，并且跟她保证，以后我会很用力地教阿龙。

我们谈话时，阿龙有时会偷偷看看我，发现我的眼神，他又急忙低下头。

后来上课时，我总觉得教室多了一台监视器。龙妈常常写联络簿，常常打电话，从功课不够多到为什么要浪费时间去扫地；从午休要加强阿龙进退位到作文的布局怎么还没教……

她送来作文模板，说是我没教起承转合和修辞……我很诚实："你说的我做不到，小三要先学会观察和联想……"

她又送我一本书,是谈提早教育全能开发的书:"老师,你的观念落伍了,现在这个社会,一切都要快。"

我继续婉拒她送来的鸡毛掸和戒尺,她继续和我电话沟通,一想到什么好点子,就希望我用在阿龙身上。

有时候,我觉得和她沟通好累,但是看着个子小小的阿龙回家,书包大大的,他背起来,就像只小蜗牛扛一个过大的壳;他走起路来总是慢吞吞,看他的样子,我就想,我这样都觉得累,阿龙回家一定更受不了。龙妈的脚步那么快,他得用跑的才追得上,不能输在起跑点,可也不能累死在终点呀。

另个例子是乐乐。

乐乐入小学那一年,以一首《惜别的海岸》赢得全村卡啦OK比赛第一,村长手中的奖杯都比她高。

那一年,乐乐的眼睛黑白分明,炯炯有神,梳两条小辫子,穿着白色小礼服,村里的人都称赞她是小江蕙,将来极有可能变成电视明星。

第七章 孩子有从书上学习的能力

美少女养成计划是当年最红的游戏,我猜乐妈妈家里一定也有。在乐妈妈的精心栽培下,乐乐每天读完中文课程,下午再赶去上英语课,明显想赢在起跑点。她补码学,还是超难的奥林匹克数学班;乐乐的钢琴老师,是村里出了名的挑剔与难缠。更厉害的是,她还练书法、拉小提琴,参加作文班。

和乐乐比起来,她们班的同学简直就像丑小鸭。论功课,乐乐赢她们一大截;比才艺,乐乐伸出一根小手指头都比他们强。

那几年乐乐常请假,原因不外乎要参加某个钢琴大赛,或是某间庙宇某个电台的歌唱擂台,果然很有明星赶通告的味道了。我可以想象那画面:在录音室外头,乐乐匆匆扒完一个便当,安静地写起作业,等到主持人叫她,她乖乖跟着妈妈进去唱首歌,然后回家练钢琴、拉小提琴,赶补习班。

为了载她,乐妈妈操坏两部轿车,乐妈妈无怨无

悔地付出，比起当年孟母三迁还要让人动容。

怪的是，乐乐渐渐长大了，照理说，她的功力应该更精进才对。只是她的同学好像也一个一个跟上来了。有人的体育细胞好，在田径场上发光发热；有的人美术好，连拿几个重量级的奖状；有的人原本英文不好，却在演英语话剧时找到了兴趣，代表学校去……

而乐乐呢？乐乐变得好安静，她还是有很多补习班要上，但是她婉拒一切的比赛，真拗不过学校与乐妈妈的压力时，她也会去的，去就只是默默地参加，默默地回来。有一次帮她拍了一张近照，和当年相比，才小六的女孩，那眼睛里原本的自信锐利，竟能消失得如此彻底。

她就像一支蓄势待发的箭，只是那弓——张得太早也太满了，终于，累了。才小六耶，我竟然用这个字来形容她。

教养也能这样做

　　追究考试成绩高低，不如探讨分数背后的意义，找出孩子成绩不好的原因，是身体不舒服，是考试题目太难，还是学习得不够透彻？
　　对症下药，才能解决学习的问题。
　　最重要的是，和孩子的对话，千万不要只剩下考试而已。过早要求孩子的成绩表现，各种竞赛的成果，都有可能让孩子承担过多压力，最后讨厌这一切，反而得不偿失。

破书也有好句子

学校孩子都知道,书破了,找张奶奶就对了。

张奶奶有一手绝活儿:进图书馆的书,她用书套细细包妥;书破损了,她会小心修补;如果书缺页了,封面掉了,修补不了的书,她也不放弃,从书里挑个好句子,剪下漂亮的图片,贴在公布栏,让书发挥最大功用。

上个月,图书馆多了一个小志工,六年级的老大。

老大的老师对他伤透脑筋,功课不好,天天闯祸,每天都有人找老师投诉。想处罚老大还要安排行程,因为他不是在教室罚站,就是在厕所扫地。

这天老师排无可排了,只好安排他去图书馆帮忙,由张奶奶监工。

第七章 孩子有从书上学习的能力

第一节扫地,第二节拖地,第三节下课,张奶奶在教他整理书柜。

我们都替张奶奶担心,她却要我们放心。老大刚去,也是老大不愿意的。他这辈子哪曾正正经经看过一本书呢?现在要进图书馆帮忙?

"说不定,那些书都是他弄坏的呢。"几个老师猜。

总而言之,老大就这样进了图书馆。一开始很别扭,进去了也不知道手脚放哪儿,张奶奶让他扫地,他就把图书馆扫得尘土满天;让他拖地,地板弄得湿答答,而且每一节都这样。

好心的老师劝张奶奶,图书馆这么干净的地方,别让他去了吧。

张奶奶眯着眼睛笑:"他很认真呀,每个地方

都拖得湿湿的。"

把图书馆拖得湿答答,这也算优点?我们很好奇,张奶奶很笃定,倒是老大一听,觉得不好意思,又拿了干拖把,来来回回拖了一次。

渐渐地,老大把图书馆当成第二间教室,一下课就去找张奶奶。五大三粗的他,扫地拖地没问题,张奶奶还教他修书包书和整理书。哇,那是多细的功夫,交给老大?

刚开始他包的书很粗糙,折线不平整,书套会脱落;他整理过的书,开始总是东倒西歪,很多书都摆错位置。

不过,这过渡期没多久,这个月开始,他已经上线帮小朋友借还书,还指挥乱放书的孩子把书放好,简直成了图书馆里的老大。

第七章 孩子有从书上学习的能力

破书也有好句子,这是张奶奶常说的话。对书是这样,对孩子也是,发现优点,然后擦亮它,它就会越来越亮。

不补习，也能把书读好的方法

① 第一金科玉律：人有很多种，孩子不必个个是考试天才。

② 孩子做功课时，父母可以在一旁看书，也可以与他讨论功课。

③ 营造愉快的读书经验。宁可不读，也不要因为读书对孩子失去耐性。

④ 当小朋友在读书时，父母最好能把手机或电视关掉，用行动支持。

⑤ 让孩子看到父母常常读书，越多越好。

⑥ 孩子渐渐大了，减少自己对孩子的依赖。等孩子找你，你才出现。

⑦ 你能举出几位状元郎？很少吧，那何苦逼着孩子把书当成仇人。

第八章

身教是培养孩子好品格的不二法门

不轻诺

小薇的爸爸很少来学校，他工作忙，台湾、大陆两头飞，有事都是薇妈在处理。久而久之，老师们也都习惯了。小薇功课退步了，请妈妈出马；学校要联络，找妈妈处理；运动会时，也是妈妈当代表陪她玩亲子游戏。

有一次，我们要去台中表演舞蹈，请小朋友回家问问，有没有爸妈能帮忙接送的。家长工作忙，我们这种小学校，平时是尽量不麻烦家长的。

隔天早上，小薇快乐地宣布："爸爸说他会开休旅车来，把大家都送到会场去。"

"你爸爸不是在大陆吗？他可以来？"我问。

小薇笑着点点头，说是昨天晚上跟爸爸视讯了，爸爸亲口答应，舞蹈比赛时他刚好休假，回来帮忙载同学绝对没问题。

交通问题解决了,我们加紧练习,期待比赛时能有完美的演出。小薇也很开心,她来学校这么久,爸爸还是头一次要来看她表演呢。

那阵子,小薇常跟大家说,爸爸的休旅车很大,妈妈不敢开,如果不是爸爸出马,那车子就会一直"睡"在地下室。

比赛前两天,朝日本去的台风转而扑向对岸,而小薇爸爸就在那个城市。薇妈打电话来:"机场已宣布停飞,老师,这下子……"

薇妈的意思我明白,这下子我们得自己想办法了,天灾人祸躲不过,我们急忙找其他家长。那天,谁都看得出来小薇的脸上写满了失落,这也难怪,好不容易,爸爸要来;好不容易,她能坐在爸爸的车上,好好笑个痛快。

比赛那天,让人意想不到的是,薇爸开着休旅车出现了,他的下巴满是胡茬,看得出来前一天没睡好,问他是不是机场重新开放,终于搭到飞机。

薇爸笑着说风雨太大,机场直到现在仍是关闭状态,但是他前一天就判断这台风躲不过,干脆搭火车往南走,火车不开就换大巴,辗转到了南方的机场。慢了一点,但是回来了。

听起来有"人在囧途"的味道,我们跟他说,车子都借好了,他不回来没关系的。

薇爸愣了一下,慎重地说,他是个生意人,平时最重承诺,如果做不到,绝不轻易答应人家;只要答应了,即使台风地震了,也要完成的。

我问:"包括对自己的女儿?"

他很肯定:"对自己的孩子,更该这样!"

教养也能这样做

如果爸爸爱抽烟,怎么劝男孩不变成瘾君子?

如果妈妈整天追求名牌包,孩子崇尚名牌的概率也很高。

幸运的是,如果爸妈重承诺,孩子也就学到守信用;如果父母对长辈孝顺,孩子未来孝顺的机会一定也很大。身教,如是而已。

那晚我们坚持当阿呆

前几天带孩子去看戏。地点在剧场,演的是儿童剧,很多父母都带孩子来。可惜的是,那场戏票房不太好,除了二楼座位全满之外,一楼还空了好大一片。

我们的座位也在二楼。二楼的距离稍远,但是票价相对便宜,省下的钱,一年可以带孩子多看好几出戏。

戏快开演了,进场的门关了,座位区的灯灭了。我们四周传来一阵骚动,那骚动不是很小,是很大,因为我们身边前前后后的人站起来,他们催着孩子:"快点,一楼看得比较清楚。"

现场有工作人员制止,但是人少声量小,于是好多好多人就趁乱坐到了一楼。我回头看看四周,能坚持留下来的人,真的好少好少。

其实,我的心里也在天人交战呀,一边告诉我,做人要有原则,既然没买一楼座位,那就乖乖坐在自己的

椅子上；一边也在拉我，花二楼的票价，坐到一楼的位置，没去一楼坐，那不是阿呆吗？

正犹豫不决时，前排一个孩子也在问妈妈："这里好远看不到，我们去一楼吧。"

那妈妈拿着票解释："你看，我们的座位在这里呀。"

小男孩指着空位："小洁和她妈妈本来也坐这里，为什么她们去一楼了？"

"不是别人做，我们就要跟着做，"那妈妈补充，"对的事情，要坚持到底。"

啊，那妈妈的话，让我游移的心安定了下来，对呀，做对的事，要坚持到底。那晚的戏很好看，但记在心里最深的话，却是这一句。

前几天报道有个吊桥落成了，很多人抢鲜，趁早上桥。或许人太多，等得不耐烦，许多人无视吊桥承载百人的规定，来多少上多少，把吊桥挤爆了。

想想，如果你是排在队伍里的人，手里拿着号码牌，得等上几小时才能上桥，太阳很大，天气很热，你正烦呢，突然发现有人偷跑，趁管理员还没来提早上桥，那时，你走不走？

教养也能这样做

> 对的事，要坚持到底。这话说起来容易，实际做却很不简单。因为良心的考验时时会出现在我们的生活周边，小如垃圾能否坚持分类，大到开车走不走路肩……我们每天都要做选择，看自己会不会和道德底线做妥协。
>
> 别忘了，孩子就在观察模仿我们，我们想留个怎样的社会风气给他们呢？

大义灭亲

从香港太平山下来时,天色已经暗了。出了缆车站,我们决定搭公交车到码头。这线公交车有两层,上面一层是露天式的,想到即将乘着夜风游香江,游客都很兴奋,所以,人龙排得长长的。等呀等呀,公交车走了两班都还没轮到我们。

虽然排在队伍尾巴,因为心情特好也就心甘情愿地等,女儿都开始描绘等会儿坐上车,她想坐在哪里看夜景,要替哪几栋大楼照相……

好不容易,第三班公交车来了,"哗"的一声,人龙缩短了,我们一家即将走到车门边,却突然来了三个妈妈,带了几个孩子往车里钻。

"你们插队?"我想也没想,"怎么不排队呢?"

其中一个妈妈说:"人太多了,孩子不耐等。"

"就是人多才排队。"有人在后头声援了。

"请排队!"更多的人说话了,"请排队,请排队!"

一个婆婆在后头补一句:"你们带小孩耶,做个模范给孩子看吧!"

壮哉斯言,我真想按个赞,或许这话威力大,三个妈妈招架不住,低着头,拉着孩子回到人龙尾巴。

上了车,公交车在大楼间穿梭,女儿发言了:"那些小孩很可怜,妈妈不该带他们插队。"

我放下相机里的风景:"她们也是担心挤不上公交车呀,如果只剩这一班公交车,她们能怎么办?做妈妈的总该为孩子想的呀。"

"为孩子想就更不该插队,家长要以身作则,不然我们小孩会很丢脸,而且他们长大也会乱插队呢!"女儿愤愤不平。

"那如果我带你插队呢?"我问。

"我会大义灭亲,说这位先生不是我爸爸。"小妮子说得很理直气壮,"因为,排队是对的事!"

　　排队是对的事,自助餐只拿自己吃得完的量,垃圾要主动分类好,经过街头艺人时,投币支持他们,这些都是对的事。旅游时日日在体验,我们也常请她反思,这是书本上学不来的。教育学者戴维·库伯的"体验学习圈"四个步骤:体验、省思、归纳、实践,就是旅游教养的好方法。

　　这种经验,很容易随时间流逝而忘记那份感悟,若能在体验后提点问题请孩子思考,整理出自己的想法,然后在未来每一天去实践它,这样的旅行更有助于孩子学习。

教养也能这样做

出门旅游时是很好的教养机会——从出发前的行程规划到旅行时的意外状况。

平时在舒适圈,我们可以优雅地教育孩子,真到了外头,各种危机不断,能坚持原则,能临危不乱,才能看出功力之所在。

更重要的是,出门也看人的,有的人很有原则,连没车的红灯也会停;有的人很糟糕,总是插队做坏示范。不管遇到什么样的人,都是机会学习,"三人行必有我师焉",说的就是这道理呢。

如果一开始

有一年,我们住的城市要办灯会,所以我参加了一场花灯研习,七天研习后,必须交出一座两米的花灯来。

研习前一个月,主办单位要我们先交草稿,算好来年是马年,我只花五分钟,从网上找到马踏飞燕的照片就交出去了。马年嘛,我竟然这么天才有创意,能想到汉朝的飞马,真是太有创意了。

研习当天,设计图发回来,我看看四周邻居的设计稿,哇,这才发现,好多人的草稿连立面、剖面都画好了,遑论尺寸、配色、布样的选择全都齐全。

不过,我不怕,我是这么有创意的人,先做了再说,做完再修嘛。因此,匆匆听完老师的讲解,我立刻着手编骨架,凭着一点美术基础,马头折好了,比例差一点,但有什么关系呢,届时再修呀;马腿角度怪怪的,我也是先绑了再说,边做边改嘛。

就是这想法,我的马踏飞燕变胖了。为了修正那怪异背部,所以加了翅膀;为了遮掩不对称的马头,它多了根角,最后黏上红布(因为我没考虑到配色),这会儿,它就成了一匹奇异的神兽——飞天赤兔独角兽。

一切的一切,我都觉得不打紧,我事后再改应该没问题,我边做边修,一定来得及。可是做花灯跟做其他事一样:一个步骤没做好,你得花好大好大的力气才能修补,但是只要做坏了,不管再怎么修补也无法让它变得更好;更重要的是,往后的每一道工序,它都会造成直接而严重的影响。就像我的花灯完工后,它根本站不起来,一座无法站立的花灯,又怎么展示呢?

这回研习,女儿陪我同行,她看看我的作品说:"我们应该一步做好,再做下一步,错的时候,该拆掉要拆掉。"

"拆掉?那得再花好多时间好多力气。"

"如果你一开始就把设计图画好,一开始就把马头折对,每一步都做对了,就不用全部拆掉重做。"

壮哉斯言,还从女儿嘴里说出来,我的失败作品,她看到了,我的失败原因,她找到了。我点点头,决心和她再报名下一场花灯研习。这一次,我们会每一步都做对了才往下一步。

七天的研习,虽然十指酸痛,身体疲惫,作品也很失败,但是从失败里学到了凡事要慎谋能断,学到了一步一步把事做对,事情才能完美,这是我这回最大的收获。

教养也能这样做

> 没有一开始就做对,事后花更大的力气修补,却也修不回来。只有每个步骤都脚踏实地完成,才能成就不凡的作品。
>
> 我们往往都想速成,只想靠不扎实的创意去掩盖内在的空虚,我的胖飞马就这么告诉我:"不把马步扎稳,飞马当然变成胖马。"

笑话,我懂营销耶

小郑大学毕业后找了一份工作,待遇不高,工时很长,做没多久就辞职了。

他曾想考公职,然而僧多粥少,录取率太低,想想算了。

该做什么好呢?小郑决定创业。

他调查过附近商圈,街尾有家面包店,老板只有高职学历,讲营销他听不懂,说包装那老板还嫌贵。

"就这种对手,"小郑在心里笑,"我的有机面包出来,准把他打个落花流水。"

或许你想问:小郑会做面包吗?

在小郑看来,这根本不是问题,他是个堂堂公立大学生,上网找数据的能力一流,现在网络上什么都有,什么都不奇怪。有好多网站,教人们从采买到制作纯天然有机面包,而且"我懂营销耶"。

他兴冲冲地在家里练了几遍，试吃了几个，口感还不错，很耐嚼，有机面包应该就是这样。

于是，小郑的面包坊轰轰烈烈地开幕了。夹报广告铺天盖地，广告车租了三天，把小镇绕了几十圈，最重要的是招牌，南法浪漫情调的招牌，在小镇里引人注目。

这些投资，耗尽小郑积蓄，但是，怕什么，他算算觉得很快就会回本。等到投资回收后，小郑打算在邻镇再开一家分店，然后又一家……那时："请个会计和助理，再设中央厨房，压低进货成本，减轻人事开销。"

开幕当天，店里的面包销售一空，另家面包店老板都忍不住来买。那个老板只有高职学历，听说还当过别人的学徒，看他一进店那种土包子样，小郑怜悯地给对方打了个折："欢迎有空常来，我们的面包天然有机无农药。"

啊,故事要是只停在开幕那天,该有多好呀。

可惜,第二天就有客人拿着面包来退货:"你们的面包太硬,啃不动。"

小郑笑一笑:"有机的面包都长这样,多吃几次就习惯了,人家吴宝春……"他搬出面包冠军,又送了刚出炉的面包,终于把客人请走,然而一整天,来退货的,来骂面包不好吃的,来参观却不买面包的……

小镇的人吃不惯他的"啃不动面包",小郑的面包坊一个月后匆匆落幕了。幸好,他是乐观的人,决定在网络卖烤鱼,不必开店成本,重要的是他懂广告会企划,毕竟,他可是读过营销的大学毕业生呀!

第八章 身教是培养孩子好品格的不二法门

教养也能这样做

> 眼高手低,不肯脚踏实地,后果就是像小郑一样,虽然能看见天边彩虹,却连一把登天的梯子都没有。
>
> 外国人会让孩子去送报、帮忙割草皮,从小培养他们实际动手做,长大了自然不会只知读书不肯弯腰,因为流过汗感受的和风,最凉爽。

软柿子金牌

  阿杰妈拿奖杯来时,全校都吓了一跳,那是中区陶笛比赛独奏冠军耶。

  平时默不吭声的阿杰,原来是位深藏不露的陶笛天才,连拿最佳表演、最佳音色和最佳技巧奖。

  "看不出来,看不出来。"

  校长颁奖时的心情我理解,校内有位音乐神童,竟然没有伯乐老师赏识。我是老师,我更失败,自己班上出神童,竟然毫不知情。

  杰妈送来的奖杯,比阿杰还要高,颁奖时,还要男老师帮忙递奖杯、抱奖杯,校长高兴得嘴巴都快合不拢了,少子化浪潮下,校内有如此佳绩,对招生有莫大的帮助。

  怪的是,阿杰的表情很淡然,不是不高兴,但也没有多开心,大家叫他照相他就照相,叫他露牙齿笑他就露牙齿笑,颁完奖,自己又默默走回队伍去。我倒觉得杰妈最嗨,兴冲冲载奖杯来,临走前还想把三个巨大的奖杯送学校,校长客气,请她载回家去:"往后就是传家之宝了。"

杰妈说不用:"再去比赛就有了。"

我们问阿杰:奖杯送给学校,不难过吗?

阿杰摇头说不会。

哎呀,那当下,全部的老师都觉得他了不起,小小年纪,就有爱因斯坦视名利如粪土的修养,校长终于点头了。

我们终于有空细看这块奖杯了。那是一个企业办的比赛,上网查,原来是个音乐补习班,有几个县市,它就分成几个区比赛,阿杰就是这一区的三项冠军。只是这冠军灌水灌得太严重,陶笛的五年级组还分成最佳表演、最佳音色和最佳技巧奖。听说全部只有三个人报名,一个临时弃权,阿杰就是跟另外一个孩子

争冠军,然后他技压"群"雄,个人包办三项冠军。

这样的比赛还不少,我们常看孩子抱一堆奖牌回来,细细追问,全是成色不足的金牌。父母想给孩子舞台,却又怕给他们压力,所以带他们参加超级蓝海比赛,这样的金牌实在没什么好骄傲的。

难怪阿杰的笑容,是那么淡定而谦虚,孩子真不知道自己参加什么样的比赛吗?其实是知道的。

教养也能这样做

适当的压力,让孩子去准备,这回败了,回家再练就是,把失败当成锻炼自己的机会。孩子因为跟高手过招,当然要勤加练习,即使没得奖,也让功力增长。若怕竞争,或怕给孩子压力,柿子专挑软的吃,比赛只拣人少的参加,拿奖杯只是虚荣了父母,骗不了心知肚明的孩子。

当然,孩子的运动比赛,小朋友的活动晚会,别忘了带上照相机去抢第一排,啊,那是最美的亲子时间。

讲不听，就要讲到听

　　祥哥读初一时很臭屁，他的个子高、身材好，看起来就像个成年人，或许是长大了，常常趁着爸妈去城里工作，偷偷骑摩托车上学。

　　初一的孩子当然没有驾照，但是祥哥很勇敢，一百五十CC的重机他也照骑不误，对了，还经常载着阿祥四处游荡。阿祥是我的学生，我知道这件事，除了告诫阿祥，也请祖母注意孙子的安全。老祖母摇摇头，说她无能为力，孙子长大了，她管不动。

　　既然祖母没办法，我也只能打电话给祥哥的父母，父母口头说好，实际上也没管，总之，祥哥上学时，会顺道载我们班的阿祥来。他把车骑到杂货店，放弟弟下车再骑去初中，他当然不敢骑进学校，摩托车就寄放在离学校不远的果园里。

　　听说有几次，初中训导室抓到祥哥，也把他记了过，但是，记过对他没有警惕作用，该骑的骑，该躲的躲；我只能管阿祥，每天盯他跟同学背着书包排路队回家。

意外发生在暑假，祥哥一如往常载弟弟呼啸于田野，那回不巧，碰到一辆疾驰而过的十轮大卡车，祥哥一时心慌闪避不及，两兄弟连人带车栽进混凝土水沟。兄弟俩的腿都断了，位置相同，都是右腿，裹着厚厚的石膏，医生叮嘱至少休养半年。

在医院，祥哥父母回来了，看起来都是纯朴的人，不善言辞，只一个劲儿地唠叨着："我们每天忙着赚钱，也早早就跟他讲了，不要骑摩托车，不要骑摩托车，这个囝仔却怎么讲都讲不听。"那话，半是自责半是卸责。

我们校长平时是个老好人，那回却动了肝火，当场在医院里开骂："讲不听就要讲到听，两个孩子的生命安全，你们要赚多少钱才能买回来？"

这种交通意外的新闻不胜枚举，写这段故事时，我还是会想起那一年。那一年开学后，我天天都要去阿祥家接送他，有时也会遇到祥哥的初中老师，我们两个当

老师的，也只好相视苦笑一番，摇摇头，再把他们抱上车。

"如果那时我们再盯紧一点。"我说。

"如果那时我们干脆去请交通警察来取缔。"祥哥的老师说。

教养也能这样做

再多的如果，都无法让时间倒转，还是校长说得对，讲不听就要讲到听。对于生命安全的事，家长再怎样也得坚持不让步，有多少孩子就因为任性、不听劝，最后闯下永远无法弥补的大憾来？

第八章 身教是培养孩子好品格的不二法门

认输不认命

有几年,我们在学校打篮球。孩子们把乡赛当成目标,期许有一天能在乡里拿冠军,然后进军县赛。

那年,我们真的在乡里拿到冠军了,大家都很开心,会长特别杀了一头山猪,就在操场烤起来。猪肉飘香,笑容满溢,大家都有信心,县赛冠军应该是唾手可得。

那几年,我们乡是县里的篮球重镇,往年的冠军,进了县赛,往往就是前三保证,对即将到来的赛程,大家的感觉就是十拿九稳,孩子们很认真练习,再苦也不怕。

县赛那天,全村总出动,搭三辆大货车,摇摇晃晃从乡里出发在县城集合。比赛前,村长还说,若拿全县冠军,他将摆起流水席,然后……

不好意思,没有然后,我们在第一场比赛就被淘汰了。

对手动作太快,组织太好,还有,他们的身材太高,对了,裁判也偏袒他们,我们摇摇头,想了至少一百个理由为什么会失败。

"反正永远也打不过人家啦。"好像有几个孩子说,彻底地认了命。

回去的路上,孩子们缩着身子,低着头,一场比赛就把他们彻底打败了。哦,被打败的不止孩子,还有老师和家长们。我们回到村子时,三部大卡车,一群安静的人。

那年代还没有手机,也没人有心情通知村里报成绩。车子才开进村子口,鞭炮响了,是工友妈妈放的,她手里还提着刚杀好的鸡,兴冲冲地问:"第几名,第几名?冠军,亚军还是季军?"

她很快就看出我们的落寞,不过,她用力拍了我的肩说:"对手那么厉害呀,那怎么办呢?"

"什么怎么办?"

她说:"老师,你帮帮忙,山路这么长,你都没在车上想方法赢哦?啊不然,不打了吗?"

"不打了吗?"我问小朋友,几个孩子摇摇头,看起来真的不打了,更多的孩子抹掉泪水:"打呀,我们才不怕他们!"

村里的妈妈们笑了:"对嘛对嘛,再练再练,总有一天打败他们。"谢谢工友妈妈的提醒,我差点就成了认输也认命的教练,只会找借口,却不去想方法。

那一届的孩子,最终还是没拿到县赛的冠军,但是他们认输不认命,天天练球练到天色全黑,从失败里找方法,换个角度再出发。

▎培养品格力,试试这七招 ▎

① 运动或乐器是核心运动,能在操场跑三十分钟的孩子,一定不怕数学。

② 父母是最好的教练,最厉害的绝招一定要教给孩子。

③ 帮孩子找比他现有能力高一点的比赛,累积信心挑战更高比赛。

④ 凡流汗播种,必含笑收割,我们教孩子享受过程更胜于成绩。

⑤ 输了比赛也不能输了态度,胜利时要留给别人余地。

⑥ 认输但不能认命,在哪里跌倒,就鼓励孩子从哪里爬起来。

⑦ 带孩子读名人传记,读读他们怎么面对挫折。

第九章

信任孩子有为自己负责的能力

单字女王的户外教学

学校户外教学那天,飘着小雨,小朋友嘻嘻哈哈上了车,单字女王走到大门口,竟然不动了。她们老师从后头赶过来,匆匆拿出伞:"单字女王怕淋雨。"

怕淋雨,所以自己不拿伞,等着老师送她上车?

上了车,单字女王不落座,望着座位说个"脏"字。

其实座位很干净,才两年的新车,司机先生保证天天都用酒精擦拭过。我示范坐给她看,她摇头,还好她们老师来了,用手帕细细擦过一次,她终于肯坐了,车子终于能出发了。

不过,车上高速公路没多久,又有状况了,单字女王指着头喊痛。

我们猜她晕车了,劝她忍耐,她不肯,对着老师的手机说:"打。"

看来是要联络家长了,老师二话不说替她拨了电

话,单字女王一接电话,噼里啪啦开始告起状,嫌天气不好,说车子很脏,她现在头又很痛:"妈咪快来。"

妈咪怎么能来呢?我在心里笑,难道妈妈开车来接她?哪个孩子没有晕过车?放下电话,我们劝她:"爸爸妈妈工作忙,没空过来的,今天出来户外教学,就要跟大家一起行动,懂不懂?"

小妮子嘴里说懂,不到半个小时,她妈妈打手机回来了,说是已经出发,问我们这辆车是不是某某某号,他们就跟在后面,请我们到交流道后下来一下下。

这真是太不可思议了,但事实就是这样,爸爸妈妈接到单字女王的电话,二话不说放下手边工作,立刻开车追我们。我以为他们送药来,结果不是,单字女王笑嘻嘻地上了爸妈的车,车子直接载她去今天的目的地快乐农场。

那一天,父母随时跟在她身边,我们吃便当,她和爸妈进餐厅;听讲解时,她坐在爸爸肩头,两脚晃呀晃；天气热，妈妈帮她擦汗，爸爸帮她扇风。

我决定劝劝这对父母，妈宝的形成，就是过度的疼爱，如果不放手，将来长大怎么办？

单字女王的爸爸慎重告诉我："老师，你放心，你说的我都懂，我们绝对不是那种什么直升机父母，她做错了，我们也会要她改正的。"

然后，在单字女王催促下，他急着回车上，啊，是爸爸的休旅车。女王的爸爸临走补了一句话："她现在还小，我们想先让她有个快乐童年，老师请放心，再过几年，我一定会严格要求她……"

教养也能这样做

直升机父母其实也很重视教养,他们看很多教养书,自认懂得并不比老师少,教育新观念都能朗朗上口,然而等遇上自家孩子的事,书上的耳提面命立刻忘光光,先冲到学校再说。

孩子有解决自己问题的能力,不给他们机会,他们就永远赖定你。

不是女王的女王

我也曾教过这么一个女孩,她的家境不宽裕,要缴的款项时常凑不齐。在我们学校,没有老师会去催孩子交钱,毕竟生活不易,真无法交齐,老师们是会代垫的。这篇文章当然不是说我们有多了不起,身在教育圈这是分内的事。

要说的是态度。这孩子常常请假,原因不外乎太晚睡了;刚去了外婆家;养的小鱼儿死了,她整夜失眠。

她没来上课是正常,迟到早退是正常,偶尔不小心七点半准时到校,我还会怀疑地看看手表……

但是,参加户外教学时,她的零用钱总是最多,花不完似的。一到休息站,夹娃娃一掷数百元面不改色;汽水、点心塞满了背包;买回来的纪念品,没多久就被她扔在一旁。同学好心提醒她:钱不要乱花,父母赚钱不易。她呢,她以号啕大哭当回答,说是同

学刺激她,取笑她。毕业旅行三天两夜,我夜夜得跟她沟通,解释同学的好意。

我时常接到她父母的电话,处理事项不外乎:孩子在学校,哪个同学欺负她,让她觉得很受伤;为什么我出的功课让她写不完;为什么学校要教乐乐棒球那么危险的活动?

事情的真相是——没有,同学和她开一句玩笑,就成了她心头的痛,非得让父母出马,否则难以挽回她在班上的地位似的;别的同学半小时写完的作业,她可以耗到十二点,只要有一题不会写,她就宁愿摆着,用"我不会"当借口。而乐乐棒球,天哪,那是国外引进的泡棉棒球、泡棉球棒,真的K到头上,应该也不会有包的"超软式棒球"。

我不会。我不敢。我不要。我不想。一个如此脆弱的心灵,来自一个困苦的家庭。

不是困苦人家孩子不能有娇气,我是担心——纯粹出于关心的担心,这孩子未来要如何面对险恶的社会环境?父母真能保护她一辈子?很多父母都知道要穷养孩子,给孩子一点儿挫折忍受力。

如果父母在孩子的成长阶段里,一味采取这种过度溺爱的心态,孩子又什么时候才能培养出独立自主的个性?

教养也能这样做

当家长心软打开马其诺防线缺口,日后再想订家规,孩子还会相信吗?只要有一次特例,往后就会有第二次、第三次,最后他对规定根本不理。

严守和孩子共同讨论出来的规则,不让孩子找各种借口抵赖,除非真的生病、对安全有疑虑,否则,你就应该要强悍地坚持到底。

他们怎么不出来玩

去年暑假在度假中心,那天天气特别热,傍晚时温度稍降了,所有的孩子都在游泳池里……然而,阿德家的孩子没出来。

问阿德,阿德搔搔头,一脸不好意思;问阿德老婆,她又好气又好笑地说:"正关在房里写暑假作业呢。"

出来玩还带作业写?我们很纳闷,明明就是快乐的出游,何必如此呢?

阿德老婆说:"对,事前跟他们说好了,把作业写完,然后再出来开心地玩。"

"所以,他们没完成?你就这么狠,真的不让他们出来?"同行友伴劝。

阿德有点心疼地说:"我也跟老婆说过了,这回先放过他们,回家再来赶。"

"不,作业是他们该做的事,做好了,才能出来玩,

这是机会教育,你懂不懂呀?"阿德老婆坚持。

看来,两夫妻为这事也讨论过。同行的朋友纷纷劝阿德老婆,理由不外乎:童年只有一次,要让孩子快乐地玩;不然就是——被这么多伙伴知道了,幼小的心灵会受创云云。

阿德太太口气委婉,态度坚定:"就是因为童年只有一次,更要把握机会让他们记得教训,自己的事自己要负责,出来玩只是一两天的事,人格培养却是一辈子的事。"

我忍不住要为她叫好,虽然看着两个小家伙关在房里写作业的身影很落寞,但是能用一次游玩经验换取一辈子当个负责任的人,其实是很值得的。

许多朋友听完,忍不住把孩子叫回房里,原来大家都带了作业来,只是不好意思拿出来……

后来我们去参加泛舟,和另一户人家同船。他们家有个哥哥,教练讲解时不听,说是他来玩过两趟了:

第九章 信任孩子有为自己负责的能力

"听教练在乱说。"哥哥自顾自听音乐,和弟弟打闹,随行父亲也不管。船开始在河上走,哥哥嫌坐船不够刺激,大半时间都泡在水里,一手拉船,身体任由河水飘荡,看起来很帅,却也很危险。

河上的教练朝他吹了几次哨,哥哥当成耳边风,爸爸在船上呵斥他几声,孩子也不理,可是泛舟走的是河道不是家里的浴缸,一个激流处,他没抓好绳子,掉下去了。

一时间,整船的人紧张了,但是激流不比平静河道,教练出发前就交代了,激流无法救人,得自己随着河水漂到平缓水道,船上的人要把重心放低才能自保。教练讲解时,那哥哥都没听,现在落水了,也忘了拉紧救生衣。我们在船上大叫,他双手在水里乱挥,被救上来时,已经喝了不少水,平白受了不少罪。

教养也能这样做

有一年,日本少棒队来台参加球赛,面对强敌美国队时,队中七个主力球员迟到了,教练罚他们禁赛一场。记者问教练,难道不怕因此输了比赛吗?教练说:"比赛只是一时,教育却是一辈子的事。"

简单一句话,却清楚地让孩子知道,我信任你,但你得为自己的行为负责。

掉进长江的手机

修正犯错的处罚,我在长江旅行时见过一次,而且永生难忘。

那次我们的船在长江逆水上行,一个孩子,为了拍船底浪花,拿着手机找角度。

同行的友人警告他:"孩子,小心一点,别把手机掉下去了。"

那孩子不听,这边拍那边拍,果然,才一个转身,他的手机真的掉进江里啦。

大家都很紧张,趴在船边帮忙看。其实,船行速度颇快,而且长江的水湍急又混浊,即使船停下来,怕也找不到了。

手机不便宜,我们猜,孩子的爸爸应该会很生气,说不定还会打他一顿。

没想到,那爸爸把孩子拉到一旁:"记住了吧,

手机要拿好，不然，至少要学我装上皮套和手环。"

同行的人问："你不生气哦？"

"生气能把手机捡回来吗？"那爸爸反问我们。

"至少骂骂他，让他记住教训。"

那爸爸趁孩子离开后说："他从现在开始没手机，一直到旅行结束，他都不能上网，不能打电话，不能拍照，回家后还要开始存钱买手机。他那部电话是存了半年才买到的，想买下一部手机，他最少还要再存半年，你们觉得我还要骂他吗？"

教养也能这样做

　　孩子犯错时,是教育的最好时机,差别在于我们选择什么样的方法。

　　有的父母唠叨惯了,孩子也就习惯了左耳进、右耳出。

　　善用自然惩罚法,孩子就能永生难忘,并且牢记教训。不必面目狰狞骂小孩,教养其实也能很优雅。

跟着华盛顿爸爸学诚实

那一天,有篇稿子迟了,编辑小姐再三确认:"明天,明天没问题吧?"

"当然……没问题。"我说得很心虚,然而灵感不是自来水,无法打开就来,不然,稿子也不会拖那么久。不过,答应人家的事得做到,幸好,写到晚上八点多,只差一小段收尾了,我就很放心地去吃饭。

吃完饭,回到书房,打开计算机,哎呀,稿子不见了。

不见了,不见了,不知道谁把我的稿子删了。

家里只有太太和女儿,太太刚才陪我在餐厅,那就是五岁的女儿。

把女儿找来,她天真地说:"我没有杀掉爸爸的当当。"

"是档案,你有没有玩爸爸的计算机?"

她看我口气有点急,这下紧张了,嘴巴抿成小缝了:"没有,没有碰计算机。"

我的声音大了,脸色一定也难看,孩子吓得退到墙边,两手绞着,就是不承认。

当时,如果我再追问,她一定哭,然而这是我要的吗?

我可以说个狼来了的故事,让她知道说谎的人会倒霉。

还是跟她说,小木偶皮诺丘,说谎鼻子会变长?

最后我想起华盛顿爸爸,我努力让自己恢复和颜悦色,跟她说,杀掉档案爸爸很伤心;如果她做个实话实说的孩子,爸爸就不会伤心,反而很喜欢她这么

有勇气。

"而且,"我突然想到,被误删的档案应该还在资源回收桶,"只要你诚实告诉我,说不定那个档案还会变回来哦。"

或许她是想看看档案怎么变回来,也或许她真的听懂了,知道承认错误爸爸不会骂她了,她开始抽抽噎噎地把来龙去脉讲清楚。她有打开一下计算机,有按几下,但是,她绝对没有杀死什么档案。

那天,我把握住机会,在她认错时,给她一个大大的拥抱,让她陪我一起把档案再找出来(这年纪的孩子,还不懂档案要杀两次才会死光光)。虽然过程有点曲折,但让一个小女孩在那天学到说实话的重要,我想即使我得把稿子重写一遍,我也愿意。

富兰克林说过,有勇有智,才敢承认错误。

我这辈子大概无法当华盛顿，但在教育上，却还有机会学习华盛顿的爸爸的方法，把握孩子犯错的机会，让孩子从中学到认错是美德，愿意改正错误更受人欢迎的道理。

那我就开始幻想，说不定有一天，女儿成了华盛顿……

管教孩子，其实可以很优雅

① 垃圾食物对身体不好，只有溺爱孩子的父母才会买给他们吃。

② 孩子犯错别立即反应，深呼吸，做个镇定有原则的大人吧。

③ 在孩子的成长阶段（时光飞逝），把陪伴当成最重要的事。

④ 家规不是变形虫，保持一致性，孩子挑战规定的概率便越低。

⑤ 规矩一订好，人人都要遵守，没有等别理由，连父母都要遵守。

⑥ 对邻人彬彬有礼，对孩子动辄打骂，你想，孩子会尊重你吗？

⑦ 危机就是转机，孩子忘了带作业去学校，家长千万别送去。

第十章

好态度是成功的快捷方式

第十章 好态度是成功的快捷方式

阿弟仔好样的

会议是晚上六点,想说来得及,五点出门还有余裕,不过,车子没油,该加油了,去哪儿?城里新开一间加油站,接待我的阿弟仔看起来很年轻,动作笨拙,每一句话,坚持都要说到位:"先生您好,加什么油?"

"九二。"

"好的,是九二的无铅汽油,没错吗?"

"对!"

"好的,请问要加多少钱?"

"加满。"

"好的,加满油箱,对不对?"

天哪,我们对话来回不下十五次,时间滴滴答答,再这么无休止地问下去,我的会议绝对来不及,但是他依然坚持要我探出头来,仔细确定油表有从零开始,还问:"先生,您看清楚了没有?"走的时候,我发现,

我只来加个油,竟然花掉十分钟,好气。

第二次再去,又碰见他,心想不妙,想请别的加油员来。没有,这里只有三个加油员,另两位在帮别人加油,只剩他,这回他进步了,只花了九分钟。还好第二次我没赶时间,不必飞车去赴约。

今天早上再去加油,站内有三个人,偏偏又轮到他来照顾我,而且,阿弟仔还发现我的车窗上有昨天留下的鸟屎:"先生,我帮你擦车窗。"我一想,那还得了,摇手说不要,他已经开始擦起来。

动作很慢,很细心,一个车窗用刷子刷了不下十次,擦完,还用布再擦一次,那块乌黑的顽固鸟屎呢,是他用指甲帮我抠的。

"先生,您看可以吗?"

我讷讷地说不出话来了。

加完油,总共用掉十二分钟(我已经养成习惯,他加油前就看看时钟),加油时间其实有缩短,但是擦车窗时间却很长,走的时候,我想给他小费,他不要。

谢谢光临喊得很慢,很大声。

车出加油站,发现另一车道那两个加油员在聊天,车道前,还摆了一个红色的三角锥。原来,不是我幸运,每回都遇到阿弟仔,而是这两个加油员,故意用三角锥挡住车道,所有车子都给阿弟仔一个人处理。那两个年轻人看起来手脚利落,很聪明,事全留给阿弟仔做了——真是聪明。

想起张雨生那首《我的未来不是梦》,阿弟仔,你会成功的,加油哦!

教养也能这样做

　　分享身边小人物的故事，教孩子欣赏别人身上的优点，那比课本讲的还要平易近人，因为他们就在孩子身边生活、做事。
　　有一回我们想请一位木工师傅和孩子分享他的人生故事，师傅吓得摇头，却帮我们做了很棒的书柜，可见，与其说天说地，不如手脚并用。

第十章 好态度是成功的快捷方式

两百分的准备

多年前，我在一间很小的学校教书，那一年，学生要参加一场话剧演出。因为只是小区的圣诞晚会，不是竞赛，也没有盛大的观众，我准备得意兴阑珊，孩子们学得七零八落。

小区里的大人们，大概是想让晚会更精彩，在圣诞节当天，不但找小贩进来摆夜市，村长也自掏腰包播了一场露天电影。可想而知，那原本该是主角的表演舞台显得更小了，烤玉米的香气，蝙蝠侠的剧情，瞬间吸光观众，台前只剩几位阿公、阿嬷，跷着二郎腿，闲嗑瓜子，看到我，还笑着跟我打声招呼。

专业的舞台，随意的观众，我摇摇头。

"随便演一演吧。"我这么交代孩子，"反正也没什么人看。"

孩子们听了，默不作声，脸上全是胆怯，奇怪了，

明明就没几个观众,有什么好怕?害怕会传染,他们扭扭捏捏地站上台,你推我挤,个个都成了害怕的小花猫。

灯光亮了,音乐下了,我想只要一演下去,一切都会好起来了吧?只是,我的盘算并没有成真,演出的效果一点都不好。忘词的忘词,掉道具的掉道具,走错位的,推倒人的,几乎什么状况都来了。我在台下心凉了一半,自己骂自己,明知道小朋友还小,明知道这种演出机会童年没几次,却没让他们准备到两百分,就要他们上台演出?只因为我认为小区小观众少,就不把机会当机会,竟让小朋友学习人生是可以"应付"的?

另一间学校的孩子在我们后头登场,十几个孩子化着美美的妆,睁着大大眼睛,一副迫不及待要上场的模样,上了台,音乐一下,整齐的舞步,灿烂的笑容,不因为台下只有几个阿公、阿嬷而有所不同。

"好好玩哦。"那间学校的孩子下了台,脸被冻得红红的,笑声传得远远的;我回头看看我们的孩子,个个垂头丧气,一次完美演出的机会真的被我毁了。

教养也能这样做

两百分的准备,这是世界面包冠军吴宝春的名言。他去法国参加面包大赛前,是连突然停电、面粉无法发酵等因素全考虑进去,才能打败群雄,拿到耀眼的冠军。

鼓励孩子要做就要做到最好,态度拿出来,至少两百分的准备吧。

难得好师傅

　　车子年纪大了之后,再也没去原厂保养。朋友介绍了一家车厂。师傅年纪跟我差不多,不同的是,他脸上没什么皱纹,看起来很快乐,看见我的车,像是遇见好久不见的朋友,拍拍车头,摸摸车尾:"好车,我替你好好检查一下。"

　　一个多小时后回去,车子已经换了机油,充了气,水箱、电池还有一堆里里叩叩都处理好了,他像个大厨在报菜单:"胎纹还很深,年限到了再给你换另一款,跑起来比较没声音,抓地力也较好;电池小了一点,下回要换大一点的,那些……"又是一堆里里叩叩,用计算机报表跑出来的,比去身体检查还详尽。

　　因为仔细,从此成了固定的客人。有时去得早,师傅在看书,我凑近一看,天哪,密密麻麻的德文原

第十章 好态度是成功的快捷方式

文书,说是讲引擎的,说是为了几位跑车的客人,不得不看。问他看得懂吗?他得意地笑:"加减啦!"

印象最深的一次,我的车子一早发不动,请他来,他二话不说,把车子拖回去。过了一天,他再把车开来,说是一整夜没睡,因为某个芯片会自己燃烧,他做了实验,一块一块试:"半夜三点多找到原因,啊就是这一块啦。"他扬扬那芯片,说得兴高采烈,我以为他要敲竹杠了,结果没有,照原价收费。

说真的,即使要我多付两倍的钱,我也会掏得无怨无悔的。

我问他怎么维持这样的热情,他说了一个很有趣的故事:小时候,手痒,家里每样东西都拿来拆,手表、闹钟、洗衣机直到他爸爸的"拖拉库",他爸气疯了,把他从门口打到厨房,爸爸说他不好好读书,长大有什么出息?

幸好，他的老师家访时知道消息，劝他父母："这孩子这么爱拆东西，简直跟福特、瓦特和史蒂芬生一样，何不让他去学学机械，说不定……"

一个说不定，让他读了汽修科，虽然只读到高工，可是每回看他专注研究车子的神情，看他努力翻着原文书找解答的样子——啊！真好！因为做的是自己热爱的事，所以再累再忙都不成问题。我的车能被这么快乐的师傅修理，车子应该也是快乐的吧！

教养也能这样做

有的,古书有写的,当你做一件事,常常觉得时间过得特别快,每回做它都觉得意犹未尽,而且乐此不疲,那就是兴之所在。

带孩子参加不同营队,多接触不同的人,在成长阶段,陪他发现自己的兴趣,做自己有兴趣的事,再苦都愿意。

不怕烦才有好成就

学校要装新的视听设备,还是最新机型。我们一群老师叽叽喳喳围在中年师傅身边,兴奋地问他怎么使用,有什么特殊功能。师傅摇摇头:"我如果知道,早就当头家了。"

他说的有道理,但是头家没来呀,翻翻说明书,只有薄薄的两页,看了半天,没人搞得懂。幸好,师傅带来的小助手有研究精神,他要我们等一下:"这台机器我们也是第一次装,给我一点时间,我试试看,弄不懂的话,我再打电话回总公司问。"

瞧他跃跃欲试的表情,大家都觉得很有趣,看起来乳臭未干的他,能搞懂这台机器?中年师傅冷笑一声,继续钻孔、装线路,装完了,就坐在一旁喝饮料;小助手埋首在机台和线路里,忙得满头大汗,却又兴味盎然。

等了一节课，小助手笑着找我们："老师，都装好了，这种新机台虽然看起来麻烦，操作起来却很简便！"他边说边解释，五颜六色的线路经他一剖析，果然条理分明，他贴心地用卷标纸帮我们做记号，说是他怕回去之后，我们弄混了，他们还得再来一趟。

对嘛，这些做视听设备的人，怎么就没人想替线路做标签纸呢？又不是人人都分得清这么多种线路嘛。

"如果没问题，我们就回去了。"小助手回头招招师傅，"师傅，走了。"师傅不耐烦，留下满地垃圾、用了一半的线材。小助手认真地把地扫干净，请师傅把线材捡好卷好，这才带着歉意跟我们说再见，临走前给我们名片，说是有问题再找他。

他们走后，大家试了试新设备，果然比以前更好操作。低头看看名片，咦，原来小助手是业务经理，那个不耐烦师傅才是真正的助手。

不耐烦师傅对什么都觉得没意义，事情交到他手

上,能完成是阿弥陀佛,想有额外的要求是门都没有;小助手肯听客户心声,而且态度积极,主动帮我们解决问题,我永远记得他说,你们放心,真的弄不好时,我会请总公司派人来时的从容表情。

教养也能这样做

对生命抱持乐观好奇的人,拥有正向态度,而带孩子亲近大自然,时常投入大自然的怀抱,他会有一种温暖人心的温度。

爬山、露营或垂钓,让孩子接近大自然。接近大自然的另一个好处,是较容易脱离电子产品。在这个年代,信息随时可学,想亲近一座山,得等到周末假日呢。

第十章 好态度是成功的快捷方式

我们一定再来

我们常常带孩子户外教学,人人都知道,读万卷书,行万里路。须知,肚里墨水不足,光走万里路,也是两手空空回来。我们学校的户外教学,很少排三六九游乐园,大多是去走读家乡,阅读大地。

敬业的讲师,事前准备功夫下得深,他们把艰涩的课程讲得浅显易懂,宾主尽欢;普通的导览员,他们只把讲解当工作,把客人当成木头,内容错误百出不说,还不分年龄做相同的活动:阿公阿嬷粘纸扇子,大学生粘纸扇子,小学生……别怀疑,依然是粘纸扇子。

有空多带孩子出去走走,不管是哪种解说员,都能在他们身上学点东西,长点智慧——听完他们的讲解,我学到要花时间照顾自己的专业,能深入浅出,因人制宜,才是个高竿的解说员。

而我就曾在金门遇到这样的解说员。

那一次，也是户外教学，走了一整天，孩子都累了。下午两点钟，游览车开进博物馆，冷气很强，灯光很暗，适合睡午觉。正当我们打着如意算盘时，叮咚，接待处跳出一个年轻解说员，听说只是大一的实习生，读的是观光系，算是学校与博物馆的合作，博物馆出场地，学校派学生来实习。

或许是平常日，馆里没什么人，解说哥哥还是很开心，逗着孩子们说："来吧，我们进入时光隧道啰。"瞧他那兴高采烈的样子，我怀疑这里的薪水，一天至少上万元。

他的解说很生动，从远古洪荒讲到最新时事，游移的眼神都会被他拉回来，他边说边比画，从青花瓷绕到清朝再到明朝，在讲狸猫换太子时，还即兴唱了几句歌仔戏。

孩子很累，可是没人乱跑，在这么热血的哥哥带动下，眼睛睁大了，耳朵竖起来了，解说哥哥一定也爱看益智节目,动不动就让孩子猜一猜,猜呀猜呀,越猜越嗨!

六个场馆,我们才走到第三个,馆方竟然要关门了,从没想到时间会过那么快。

解说哥哥惋惜地说:"还有最精彩的馆藏耶,你们答应我,下回一定要再来。"我们真的是不由自主地点点头(盛情难却),却又不由自主地揉揉腿(站了三小时耶),带着满满的收获走出博物馆。

出了馆,解说哥哥要回家了,他说明天要期末考,该读书了。要考试还这么认真哦?他笑说:"因为轮到我了呀。"

旁边站着他的解说师傅,师傅说:"我们馆里最美的是那尊千手观音,那是清朝作品,四十只手臂有四十种法器,那些法器呀……"师傅的口齿好清楚,故事好有趣,博物馆关门了,我们就在屋外又上了一堂课,相约,改天一定要来看那尊镇馆的观音像。

我忘不了师傅说起观音时发亮的眼睛,也许是他对美的描述感动了解说哥哥,解说哥哥又把那份正向能量传递给我们孩子。

我们孩子真的告诉他:"哥哥,我们下次一定再来听你唱歌。"

教养也能这样做

培养孩子的兴趣，最重要的就是教他们看进事物美好的那一面，懂得用正向的眼光、赞叹的心去感受这世界，那就能激发出孩子的热情，让他们废寝忘食做他有兴趣的事。

培养孩子的态度，更要学解说师傅，因为自己所爱，所以为爱传递。

态度才是最好的名片

朋友家重新装潢,我们去参观时,几个装修师傅正在休息,带头的师傅看见我们,连忙站起来给大家发名片:"你们叫我小余就好了,不是河里的鱼,不是年年有余的余,是余天的余。家里想装潢的人,尽管来找我,拿我的名片,我会给大家一个满意的折扣。"

小余说他专门做豪宅的,不管是和风、英国乡村风还是德国童话风:"我通通都搞得定。"

他讲完再次派发名片,这回换成什么同业工会理事长的名片,金光闪闪,沉甸甸。

难得遇到这么棒的师傅,当我们家要重新布置书房时,脑海中第一个浮现的就是小余,我赶紧找出那张名片,小余在电话那头满口说好,约了隔天见面。

我们约的是九点,他直到十一点才到,跟我解释,说是有个工地在赶,今天很忙,等一下还要去那里呢。

然后，他站到我家书房外，瞄了一眼，拍拍墙壁："行了行了，三天后开工。"

"就这样？"

"啊不然还要怎样，小工程，包在我身上，以前我在北部呀……"剩下的时间他又开始讲起他曾做过的案子，某某名人的住宅，哪个艺人的别墅，哇，我光想到我们家小小书房，能跟名人用同一位师傅，那还有什么好犹豫的，我们当场下订，只等他三天后开工。

三天后，小余带了人来，他们的动作很快，搬机台拿材料，热热闹闹开工了。不过，十点多，机具突然停了下来，说是哪个工地有什么急事，晚一点再回来继续做，这一晚点就晚到第二天。

第二天也只做一会儿，小余又要带人出去，问他，他说有个客户娶媳妇，等着新房呢，去一下，不影响我们的。

后来的情节我想大家都能预见，雨天不好施工，

他还有几个工地要赶,我们的书房偶尔有机器进驻,偶尔被搬出去,完工日遥遥无期……

再后来要做儿童房时,我们不敢找他,朋友介绍一个老师傅,年纪大一点,但"手路"很细。

新师傅来时很仔细地丈量,说好的工期也完全没有拖,更重要的是,他带的徒弟每个都跟他一样,工地保持很干净,每天临走时,一定把机器收好,地上弄干净。

跟老师傅要名片时,他摇摇手,说没有。

其实他也真的不需要名片,态度就是老师傅最好的名片。

教养也能这样做

我是老师,少有机会认识各行各业的人,但若有机会与他们合作,总能从他们身上学点东西。装潢的师傅、加油站的工人、平时往来的水电师傅,除了认识一个行业,更能学到他们做人处事的态度,他们的故事,就成了我教养孩子时最好的例子。

水电憨师教我的事

大家都说憨师"脚手憨慢,动作慢蛇蛇",水电工作,没人敢找他。

没想到,前一阵子,我们家水塔漏水了,整天滴滴答答的好烦心,我想自己修,却找不到原因;打电话找水电行,对方一听是漏水,咔嚓一声,直接把电话挂了。

五金行老板好心,把憨师的电话给了我:"不过,他的脚手卡慢一点。"

那也没办法了,死马当活马医,等着憨师来处理。

憨师来时开了一部小货车,他的年纪不大,说是当兵回来没几年,不想被水电行的工作绑死,自己接工作做:"这样才自在。"

他看看我家水塔,东瞧西瞧很久后,蹲下来拿出纸,画个水塔,一条进来的线,一条出去的线,像医生解释病情:"啊,你这个会漏,那是因为水压太高,加压器不能这么装……"

"那漏水……"

"别急,没把原因找出来,你过几天又要找我来。"他笑笑,然后去楼下拿工具,开始动手修,用防水胶补漏洞,我以为好了,他摇摇头说是还没干,还要再补二次。涂防水胶时,他的动作又轻又柔,边补边说明水会怎么跑,怎么施工才实在,终于,他拍拍手:"好了,这几年你不会再找我了。"

补个洞,花了半天时间,绝对趁机敲竹杠,没想到,结算时,也没有,就是照着一般行情给。

他走出门口,邻居看到了,又把他拉进屋里:"我家那些灯……"

我跟进去看看,也是一个小工程,其他水电师傅不肯来,憨师笑呵呵:"我答应另一户人家,他家停电了,我得先去,你这个不急,过二天……"

邻居笑他:"你就是这样脚手慢蛇蛇,难怪大家都叫你憨师。"

憨师搔搔头:"啊你又不是不知道,我从小就这样呀。"

原来他俩是同学,憨师那时动作就慢,月考考卷永远写不完,但是……

"他有写的一定都对,这才神奇。"邻居说,"没写的,是因为他不会,他宁愿空着,真的是憨到连猜都不会猜。"

"说不定哦,如果考试时间再多个一小时,我说不定读台大哦。"憨师笑呵呵地说。

他开着小货车噗噗噗地走了,对比我们脚步的匆匆,我怎么觉得他比谁都活得更快乐。明明急如星火的事,在他眼中就变得简单了起来,原来生活可以这样过,只要你把脚步放慢了,就会看得明白。

我也曾在一次毕业典礼上，被孩子们感动过。

一般的毕业典礼，会邀请许多来宾，他们大多是别的学校校长、民意代表或官员。来宾说的话千篇一律，也了无新意，说完了，赶着走，说是还有几间学校的毕典要去，搞得自己比毕业生还重要似的。

但也有学校不是这样的。话说四月时，我接到一通电话，山上有间小学的老师邀我参加他们的毕业典礼："有个孩子，你一定要见见他；如果你不能来，能不能用影片跟他说几句话？"

那间山上小学我去过，开车要两个小时，毕业季大家都忙，我抽不出时间，决定录像寄去。没想到几天后，又收到一封邀请卡，是山上那小朋友自己画的卡片，密密麻麻写满了字，最后连着几句话："你一定要来，一定一定要来，我在等你哦！"

我带着满满的好奇心上山了。坐在来宾席上，左边的是早餐店老板，右边是制茶厂的经理，他们也都

跟我一样接到了邀请，本来也都想推辞，但是禁不起小朋友的邀请。制茶厂经理说："只好来了！"

典礼开始了，没有我预想的来宾致辞（所以我偷偷背的稿子用不上），校方把典礼还给了孩子，他们上台表演自己学到的乐器、戏剧和武术，每个孩子在自己选定的背景音乐中上台，请大家欣赏他们自己录制、剪接的成长影片，然后才开始讲话。

对，是孩子讲话给我们听，他们谈自己六年来的感想，说自己对自己的期许，还有自己感谢的人。

直到那时我才知道，原来早餐店老板有提供爱心早餐，只要孩子月考进步了多少分，就能凭"券"去他店里用一份免费豪华早餐，请他来的那个孩子，提起他第一次去吃早餐的骄傲；制茶厂赞助三个孩子的毕业旅行经费，孩子们眉飞色舞地说起那场难忘的旅行；惭愧的是我，我只是送了他们班一套名人传记，请我来的孩子把书全看完了，他在上头说他希望自己长大，也能跟我一样当一个送书给人的人。

　　回程的路虽然还要开长长的山路，脑海里却一直回响这群孩子的心愿与祝福，这是我参加过，最难忘的毕业典礼了，也是我第一次当来宾，却不必说话。

▌培养好态度，其实有妙方▐

① 要有好态度先要有好习惯。

② 想改变孩子的态度，最快的方法是先改变你的态度——欣赏鼓励胜过责骂。

③ 鼓励孩子正向看挫折，没有挫折，哪会知道自己还有什么地方不懂？

④ 天下不是只有读书这件事，当然，不读书的人也到不了全天下。

⑤ 让孩子读不感兴趣的科目，想些方法让小朋友去了解它。

⑥ 兴趣是最好的老师，游戏是最棒的学习方法，如果你肯陪他玩更好。

⑦ 费尽千辛万苦，也要带孩子去看他有兴趣的展览，加强支持力度。